LE
LIVRE DES SAGES

DU MÊME AUTEUR

Le Grand Arcane ou *l'Occultisme dévoilé*, vol. in-8 carré
Prix .... (épuisé). Fr.   20 »

    Ce livre est la clef des œuvres du Maître. Ceux qui désirent aborder le haut occultisme devront commencer par cet ouvrage. Ils s'épargneront bien des recherches, car, ainsi que l'auteur le dit lui-même, ce livre est son testament. N'ayant plus rien à cacher Eliphas Levi a dévoilé ici bien des mystères, qu'il s'était plu à voiler artistement dans ses autres écrits.

Le Livre des Splendeurs, vol. in-8 carré. Prix........Fr.   7 »

    Eliphas Levi, le grand Maître, l'inimitable, nous révèle ici l'étude consciencieuse du véritable dogme secret des Kabbalistes basé sur Dieu, sous forme d'absolu. Il nous initie aux Mystères, mais d'une façon très approchée et fort instructive pour tous, ce qui n'avait pas encore été fait jusqu'à ce jour.

Le Catéchisme de la Paix, vol. in-8 carré. Prix......Fr.   4 »

    Opinion de ce grand maître de l'occultisme sur la paix universelle, c'est-à-dire, entre tous les peuples, et sous toutes les formes.

Dogme et Rituel de la Haute Magie, 2 vol. in-8 carré.
Prix ....Fr. 18 »

Histoire de la Magie, vol. in-8 carré. Prix............Fr. 12 »

La clef des Grands Mystères, vol. in-8 carré. Prix.....Fr. 12 »

La Science des Esprits, vol. in-8 carré. Prix..........Fr.   7 »

EN PRÉPARATION :

Clefs Majeures et Clavicules de Salomon. Nouvelle édition.

Correspondance Inédite avec le Bon Spedalieri.

Eliphas Levi, sa vie, ses œuvres, par Sédir.

ÉLIPHAS LEVI

Le Livre des Sages

ŒUVRE POSTHUME

PARIS
LIBRAIRIE GÉNÉRALE DES SCIENCES OCCULTES
BIBLIOTHÈQUE CHACORNAC
11, QUAI SAINT-MICHEL, 11
—
1912

Dédié à mon Ami le Baron SPÉDALIERI

PRÉFACE

Ce livre contient les principes et les éléments de cette troisième révélation que le Comte Joseph de Maistre disait être nécessaire au monde.

Cette troisième révélation ne peut être que l'explication et la synthèse des deux autres.

Elle doit concilier la science et le dogme, l'autorité et la liberté, la raison et la foi.

Nous avons préparé le grain et d'autres feront les semailles.

Celui qui a écrit ces pages est loin de se croire un prophète. Il voit la vérité et il l'écrit.

Son autorité, c'est l'évidence, et sa force, c'est la raison.

Il parle pour les sages et il s'attend à la dérision et au dédain des fous.

Il écrit pour les forts et ne sera pas lu par les faibles à qui l'on fera peur de ses doctrines.

Ce livre est en deux parties : La première contient des dialogues résumant toute la polémique religieuse et philosophique du siècle présent.

La seconde contient des définitions et des aphorismes.

Il n'y a ici, ni fleurs de rhétorique ni phrases. Deux choses éternelles ont seules préoccupé l'auteur, la justice et la vérité.

E. L.

LE LIVRE DES SAGES

DISCUSSION

en forme de dialogue

Premier dialogue

UN CLÉRICAL — ÉLIPHAS LÉVI

Le Clérical

Vos prétendues sciences viennent de l'enfer et vos raisons sont des blasphèmes.

Éliphas Lévi

Je ne sais si votre ignorance vient du ciel; mais vos raisons à vous ressemblent fort à des injures.

Le Clérical

J'appelle les choses par leur nom, tant pis pour vous si ces noms doivent vous paraître injurieux. Comment, vous qui êtes sorti de l'Eglise, vous qui essayez d'aider l'impiété à saper dans sa base son édifice éternel, vous avez le fol orgueil de croire qu'elle chancelle sous les coups de vos semblables, et pour comble d'outrages, vous étendez pour la soutenir votre main sacrilège ! Ne craignez-vous pas le sort d'Oza, que Dieu frappa de mort parce que, dans une intention meilleure que la vôtre et avec des mains peut-être plus pures, il voulut soutenir l'arche sainte !

ELIPHAS LÉVI

Je vous arrête ici, Monsieur, vous citez la Bible sans la comprendre, j'aimerais mieux à votre place la comprendre sans la citer. La mort d'Oza, dont vous me parlez ici, ressemble un peu à la fin tragique des quarante-deux enfants dévorés par des ours pour avoir ri de ce que le prophète Elisée était chauve. Heureusement, dit Voltaire à ce propos, il n'y a pas d'ours en Palestine.

LE CLÉRICAL

Alors la Bible est un tissu de contes ridicules, et vous vous en moquez comme Voltaire?

ELIPHAS LÉVI

La Bible est un livre hiératique, c'est-à-dire sacré; elle est écrite en style sacerdotal, avec un mélange continuel d'histoires et d'allégories.

LE CLÉRICAL

L'Eglise seule a le droit d'interpréter la Bible. Croyez-vous à son infaillibilité?

ELIPHAS LÉVI

Je suis de l'Eglise et je n'ai jamais rien dit, ni rien écrit, de contraire à son enseignement.

LE CLÉRICAL

J'admire votre aplomb. N'êtes-vous pas un libre penseur. Ne croyez-vous pas au progrès? N'admettez-vous pas les témérités de la science moderne qui donne tous les jours des démentis à l'Ecriture Sainte? Ne croyez-vous pas à l'ancienneté indéfinie du monde et à la diversité soit simultanée, soit successive, des races humaines? Ne traitez-vous pas de mythe ou de fable, ce qui est la même chose, l'histoire de la pomme d'Adam sur laquelle se fonde le dogme du péché originel? Mais vous savez bien qu'alors tout s'écroule; plus de péché originel, plus de rédemption, partant plus de révélation ni d'incarnation, car tout le christianisme n'a été qu'une longue erreur; l'Eglise ne peut se maintenir qu'en proscrivant le bon sens et en propageant l'ignorance. Vous en êtes là et vous osez vous dire catholique?

Eliphas Lévi

Que veut dire le mot catholique? Ne veut-il pas dire universel? Je crois au dogme universel et je me garde des aberrations de toutes les sectes particulières. Je les supporte pourtant, dans l'espérance que le progrès s'accomplira et que tous les hommes se réuniront dans la foi aux vérités fondamentales, ce qui s'est déjà accompli dans cette société déjà répandue par tout le monde, qu'on nomme la Franc-Maçonnerie.

Le Clérical

Courage, Monsieur, démasquez-vous enfin complètement; vous êtes franc-maçon sans aucun doute et vous savez parfaitement que les Francs-Maçons viennent, tout récemment encore, d'être excommuniés par le Pape.

Eliphas Lévi

Oui, je sais cela, et depuis ce temps, j'ai cessé d'être Franc-Maçon, parce que les Francs-Maçons, excommuniés par le Pape, ne croyaient plus devoir tolérer le catholicisme; je me suis donc séparé d'eux pour garder ma liberté de conscience et pour ne pas m'associer à leurs représailles, peut-être excusables, sinon légitimes, mais certainement inconséquentes, car l'essence de la maçonnerie, c'est la tolérance de tous les cultes.

Le Clérical

C'est-à-dire l'indifférence en matière de religion ?

Eliphas Lévi

Dites en matière de superstitions.

Le Clérical

Oh ! je sais que pour vous la Religion et la superstition sont une seule et même chose.

Eliphas Lévi

Je crois, au contraire, que ce sont deux choses opposées et inconciliables, tellement qu'à mes yeux les superstitieux sont des impies. Quant à la religion il n'y en a qu'une. Et il n'y en a jamais eu qu'une véritable. C'est celle-là que j'appelle vraiment catholique ou universelle. Un musulman peut la pratiquer comme l'a bien fait voir l'émir Abdel-Kader, lorsqu'il a sauvé les chrétiens de Damas. Cette religion c'est la charité ; le symbole de la charité, c'est la communion et l'opposé de la communion, c'est l'excommunication ; communier, c'est évoquer Dieu, excommunier, c'est évoquer le diable.

Le Clérical

C'est pour cela que vous avez le diable au corps, car certainement de pareilles doctrines font de vous un excommunié.

Eliphas Lévi

Si j'avais le diable, ce serait vous qui me l'auriez donné, et certes, je ne serais pas assez méchant pour vous le rendre ; je le traiterais comme les marchands traitent les pièces fausses qu'ils clouent sur leur comptoir pour les retirer de la circulation.

LE CLÉRICAL

Je ne veux pas vous écouter davantage, vous êtes un extravagant et un impie.

ELIPHAS LÉVI (*riant*)

Vous en savez long sur mon compte ! Et vous en dîtes des choses dont je suis loin de me douter ; je ne suis pas si savant et je ne vous dirai pas ce que vous êtes. Je vous ferai observer seulement que ce que vous dites n'est ni charitable ni poli.

LE CLÉRICAL

Vous êtes un des plus dangereux ennemis de l'Eglise.

ELIPHAS LÉVI

C'est M. de Mirville qui vous a dit cela. Mais je répondrai à lui comme à vous par ces deux vers de notre bon et grand La Fontaine :

Rien n'est plus dangereux qu'un imprudent ami,
Mieux vaudrait un sage ennemi.

Deuxième dialogue

UN PHILOSOPHE — ÉLIPHAS LÉVI

Le Philosophe (*entrant*)
Que faisiez-vous de cet énergumène?

Éliphas Lévi
Rien de bien bon, je crois; j'aurais voulu le calmer et je ne parvenais qu'à le mettre de plus en plus en colère.

Le Philosophe
Aussi qu'avez-vous à faire avec de pareilles gens? Et pourquoi vous obstinez-vous à vous dire encore catholique. Vous éloignez de vous les libres penseurs et les catholiques vous exècrent.

Éliphas Lévi
C'est un malentendu.

Le Philosophe
Dont vous êtes cause. Pourquoi vous obstinez-vous à dire un chien lorsqu'il s'agit d'un chat?

Éliphas Lévi
Je ne crois pas m'être permis de pareilles excentricités de langage; j'appelle les choses par leurs noms, mais il m'est arrivé de voir des chiens et des chats qui s'entendaient ensemble à merveille.

Le Philosophe
Cela ne prouve rien en faveur de votre rêve qui est l'accord impossible entre la religion et la science, entre l'autorité dogmatique et la liberté d'examen.

Éliphas Lévi
Pourquoi impossible?

Le Philosophe

Parce que la religion, c'est le rêve qui veut faire la loi à la raison; c'est l'absurde qui s'impose avec l'obstination de la folie; c'est l'orgueil de l'ignorance qui, pour se croire surnaturelle, invente des vertus contre nature; c'est Alexandre VI mis à la place de Dieu; c'est la clé du ciel remise dans les mains sanglantes des inquisiteurs.

Eliphas Lévi

Non, la religion n'est rien de tout cela; la religion c'est la foi, l'espérance et la charité.

Le Philosophe

Qu'appelez-vous la Foi?
La foi c'est l'affirmation de ce qui doit être et l'aspiration confiante à ce qu'il est bon d'espérer.

Le Philosophe

Sortons des nuages s'il vous plaît. Vous vous dites catholique, or savez-vous ce que c'est qu'un catholique?

Eliphas Lévi

Catholique veut dire universel; un catholique, c'est celui qui se rattache aux croyances universelles, c'est-à-dire à la religion unique dont le fond se trouve dans les dogmes de tous les peuples et de tous les temps.

Le Philosophe

Non, Monsieur, un catholique, suivant M. Veuillot que Rome ne condamne pas, c'est celui qui croit que J.-C. est le seul Dieu et qu'il parle par la bouche du Pape.

Eliphas Lévi

Laissons M. Veuillot et parlons raison.

Le Philosophe

Non pas, puisque nous parlons religion, vous savez bien que suivant un père de l'Eglise fort autorisé, l'objet de la croyance, c'est l'absurde.

Eliphas Lévi

L'Infini n'est-il pas absurde ? et pourtant la science est forcée d'y croire. Le rapprochement éternel de deux lignes qui ne se toucheront jamais n'est-il pas absurde, et cependant la géométrie est forcée de l'admettre. Il y a des absurdités de deux sortes : Les unes ne sont qu'apparentes, ce sont celles qui viennent du défaut de notre intelligence. Les autres sont évidentes : Ce sont les affirmations contraires à des vérités démontrées ; or la religion ne nous engage pas à accepter celles-là.

Le Philosophe

N'entrons pas dans le labyrinthe de vos mystères. Le dogme embrouillé à plaisir par vos théologiens me donnerait trop beau jeu, mais ces vieilleries sont tellement abandonnées de nos jours, qu'on ne s'en occupe plus même pour rire. En somme le christianisme est dépassé par le progrès, il a fait son temps et si vous voulez mettre du vin nouveau dans ce vieux vase, vous perdrez le vase et le vin ! Laissez le vieux catholicisme mourir en paix, il ne vous accepte pas, vous êtes pour lui un renégat et un sacrilège ; ayez le courage de votre libre pensée et laissez les morts ensevelir leurs morts. Vous faites de ridicules efforts pour concilier la civilisation moderne et le syllabus, or je vous dis en vérité que ceci doit tuer cela. Vous voulez concilier Polichinelle et la potence, mais Polichinelle ne veut pas en entendre parler et il compte bien pendre lui-même le bourreau, malgré les coups de griffes du chat. Pardonnez si je suis peu grave, c'est qu'en vérité votre foi d'expédients et de parti-pris n'est pas sérieuse ; elle exagère l'absurde pour grandir ses tours de forces ; elle est peut-être fort jolie, mais cela n'est utile à personne et devient très fâcheux pour vous.

ELIPHAS LÉVI

Laissons de côté mes intérêts personnels ; je n'en ai et je n'en veux avoir d'autres que ceux de la vérité.

LE PHILOSOPHE

Eh bien, la vérité, la vérité évidente pour quiconque est de bonne foi, c'est qu'il n'existe pas de révélation universelle, les religions s'entre dévorent. Tous les sectaires affirment que Dieu leur a parlé, mais vous savez bien que Dieu ne parle jamais que par la bouche de ses prêtres qui se maudissent les uns les autres et ne s'accorderont jamais. Voulez-vous garder le dogme et supprimer le prêtre, mais ils se soutiennent l'un l'autre et même ils se supportent mutuellement. Dieu est le prêtre du ciel comme le prêtre s'affirme le Dieu de la terre. Chassez le prêtre, il emportera son Dieu et vous prouvera que vous êtes athée.

ELIPHAS LÉVI

Je ne veux chasser personne, mais je voudrais éclairer tout le monde.

LE PHILOSOPHE

Même les prêtres peut-être ?

ELIPHAS LÉVI

Surtout les prêtres, car je leur dois ma première éducation.

LE PHILOSOPHE

Ne le dites pas, on s'en aperçoit assez ; c'est chez eux que vous avez appris les conciliations jésuitiques et les assertions doublées d'arrière-pensée.

Eliphas Lévi
J'écris sur les sciences occultes.

Le Philosophe
J'entends, et vous croyez qu'il faut cacher votre pensée, mais il y aurait un moyen bien simple de la cacher: Ce serait de ne pas écrire.

Eliphas Lévi
Et de ne point parler; mais alors je n'aurais point l'avantage de discuter aujourd'hui avec vous.

Le Philosophe
Je ne discute pas vos croyances, je les condamne au nom de la science et du progrès.

Eliphas Lévi
Quoi, même ma croyance en Dieu, à l'immortalité de l'âme, à la solidarité de tous les hommes et à l'esprit de charité?

Le Philosophe
Ce sont là des idées respectables peut-être, mais qui n'existent pas et ne sauraient exister pour la science, parce qu'elles ne sont ni démontrables ni démontrées.

Eliphas Lévi
Ainsi vous ne croyez à rien?

Le Philosophe
Pardonnez-moi, je crois à la nature, à la science et au progrès.

Eliphas Lévi
Vos croyances, Monsieur, sont les miennes; il ne s'agit que de nous entendre, et d'abord qu'est-ce que la nature selon vous?

Le Philosophe
Force et matière.

ELIPHAS LÉVI

Quoi, pas d'esprit?

LE PHILOSOPHE

L'esprit, c'est la force directrice.

ELIPHAS LÉVI

Très bien, je ne vous en demande pas davantage; j'ajouterai seulement évocatrice, et nous auront trouvé Dieu.

LE PHILOSOPHE

Dieu, toujours Dieu! je ne puis souffrir ce mot-là, il n'appartient pas à la science.

ELIPHAS LÉVI

Cela est vrai, il appartient à la foi, mais la science ne peut s'en passer.

LE PHILOSOPHE

C'est ce que je nie.

ELIPHAS LÉVI

Oui, sans pouvoir prouver la force de votre négation.

LE PHILOSOPHE

C'est à vous de prouver puisque vous affirmez.

ELIPHAS LÉVI

J'affirme que la foi existe et qu'elle est dans la nature de l'homme. J'affirme que la foi est raisonnable, puisque la science est bornée. J'affirme enfin, aussi, que la foi est nécessaire parce que, comme vous, je crois au progrès.

Sans la foi, la science ne conduit qu'au doute absolu et au dégoût de toutes choses.

Sans la foi, la vie n'est qu'un rêve qui va finir sans réveil dans le néant.

Sans la foi, les affections sont vaines, l'honneur n'est qu'un leurre, la vertu un mensonge et la morale une déception.

Sans la foi, la science n'est qu'un immense ennui, parce qu'elle est sans espérance.

Sans la foi, la liberté n'est que le despotisme des richesses; l'égalité est impossible et la fraternité n'est qu'un mot.

Philosophes de l'athéisme, partisans de la force aveugle et de la matière motrice, non, vous n'êtes pas des hommes de progrès. Un de nos maîtres, au siècle dernier, a déjà fait rire de lui et il se nommait Lamettrie et était, je crois, un des médecins du roi de Prusse. Il est triste de vous voir dépenser tant d'esprit à prouver que vous êtes des bêtes. Ce que je dis là, Monsieur, ne saurait s'adresser à vous, puisque vous croyez à la force intelligente et au progrès. La force intelligente c'est l'esprit et le progrès c'est l'immortalité.

LE PHILOSOPHE

Tout cela n'est pas démontré.

ELIPHAS LÉVI

Est-il besoin de démontrer l'évidence?

LE PHILOSOPHE

Mais si ce qui est évident pour vous ne l'est pas pour moi?

ELIPHAS LÉVI

Je vous tendrai la main et nous nous séparerons bons amis.

LE PHILOSOPHE

Adieu donc!

ELIPHAS LÉVI

Oui, à Dieu! puisque vous prétendez n'y pas croire tout en l'invoquant sans y penser.

Troisième Dialogue

UN PANTHEISTE. — ÉLIPHAS LÉVI.

Le Pantheiste

Il est impossible de concevoir un Dieu qui soit autre chose que l'universalité des êtres.

Eliphas Lévi

Fort bien. Vous êtes un disciple de Spinosa et je vais vous dire tout d'abord qu'il n'a pas existé et qu'il n'existe pas d'autre Spinosa que la collection des œuvres de ce philosophe.

Le Pantheiste

Ceci est une mauvaise plaisanterie. Nous savons bien que ce sont des hommes qui font les livres et que les in-folio ne gravitent pas d'eux-mêmes dans l'espace, mais il en est autrement pour les mondes, la loi fatale du mouvement équilibré les produit et peut les détruire dans les révolutions nécessaires de l'univers éternel.

Eliphas Lévi

Ainsi notre univers est fatal, il est par conséquent aveugle et sourd comme la fatalité. Comment donc peut-il nous donner l'intelligence qu'il n'a pas ?

Le Pantheiste

L'univers est intelligent et c'est pour cela que je l'appelle Dieu.

Eliphas Lévi

Croyez-vous que dans l'homme ce soit le corps qui produise le phénomène de la pensée ?

Le Pantheiste

Je sens la pensée dans ma tête et je sais qu'elle se produit dans mon cerveau.

Eliphas Lévi

Oui, comme la musique sur un violon.

Le Pantheiste

Oh! doucement, vous voulez dire que notre âme joue du cerveau comme d'un instrument, mais cet instrument tout le monde en joue, et les anatomistes seuls en connaissent le mécanisme. L'enfant qui commence à penser ne sait pas même qu'il a un cerveau et ne songe pas à en utiliser les fibres et les replis. Le cerveau fonctionne donc de lui-même sous la double impulsion de la nature et de la vie.

Eliphas Lévi

Le bon sens le plus vulgaire nous assure pourtant que notre cerveau est quelque chose, mais que ce n'est pas quelqu'un. C'est quelque chose, dont quelqu'un a déterminé la forme et l'usage, et s'il existe des instruments qui paraissent jouer tout seuls, ces instrument n'en révèlent pas moins l'existence d'un mécanicien habile et d'une musique que l'instrument n'invente pas.

Le Pantheiste

Je le veux comme vous, mais pour moi le grand mécanicien et le musicien des harmonies de la nature c'est l'immense, l'éternel univers qui est par la propre nécessité d'être, qui est infini et qui par conséquent ne laisse pas de place hors de lui à un autre infini, à qui vous attribueriez les fonctions inutiles du Créateur. Le mot création d'ailleurs, est une absurdité, si l'on suppose que de rien il puisse sortir quelque chose; la substance est une, infinie, éternelle ; les créations sucessives et spontanées ne sont que des manifestations d'apparences, ce sont des combinaisons physiques, toutes les sciences naturelles tendent aujourd'hui à le démontrer ; vous êtes vous-mêmes contraints de l'admettre, et vous ne croyez plus au dieu despotique et capricieux du moyen âge, au dieu ennemi de la nature, au dieu des vengeances et des miracles.

Vous considérez Dieu comme l'âme de l'univers, âme distincte du corps, dites-vous, mais pourtant inséparable ajouterai-je, puisque Dieu ne peut pas mourir. Sans le phénomène de la mort qui laisse le corps inerte et glacé, l'homme serait indivisible et l'on ne distinguerait pas son âme de son corps. Ce n'est pas, en effet, l'âme seule qui vit, c'est l'homme tout entier et la pensée est la lumière de la vie.

Ne distinguons donc pas l'âme de l'univers de l'univers lui-même ; l'univers est le grand tout, intelligent et visible. Lorsqu'il pense on l'appelle esprit, lorsqu'il prend une forme il est matière, mais la matière et l'esprit ne sont pas deux êtres, ce sont deux modes de l'existence. La substance éternelle et infinie est génératrice de la pensée et de la forme, non pas hors d'elle-même, où il n'y a rien, mais en elle-même et par elle-même ; c'est cela que nous appelons Dieu.

Eliphas Lévi

Je vous ai laissé parler et je pense comme vous sur plusieurs points, mais je n'admettrai jamais que Dieu soit l'univers, parce que cela me rejetterait dans l'idolâtrie des siècles ignorants où l'on adorait le soleil et la lune ; tout est de Dieu, certainement, mais tout n'est pas Dieu et la liberté humaine ne doit pas se laisser absorber par la grande fatalité divine que vous semblez admettre. Si tout était Dieu, l'homme ne serait responsable de rien et la morale serait une chimère. Quelle idée alors nous donneraient de la sagesse divine, les erreurs et les sottises humaines !

Dieu serait ridicule quand nous serions absurdes. Dieu lui-même serait l'auteur du mal et se nierait ainsi lui-même ou, plutôt, le mot Dieu n'aurait plus de sens raisonnable ; laissons au dieu Pan des anciens ses flûtes et ses cornes.

Quand Jésus mourant sur la croix eut proclamé l'inviolabilité de la conscience humaine et la liberté de la foi confirmée par le droit au martyre, un pilote mystérieux, nommé Thamuz, cria aux îles de la mer que le grand Pan était mort et l'on entendit des voix confuses qui pleuraient le géant de la mythologie antique. Dieu, dans l'humanité, venait de triompher de la fatalité et de la mort, et l'humanité devenait divine, non plus par usurpation sacrilège ou par confusion des natures, mais par une sublime alliance.

LE PANTHEISTE

Arrêtez et ne prolongez pas ces phrases de sermon ; libre à vous de vanter encore le Christianisme, mais c'est lui, maintenant, qui est mort et le grand Pan est ressuscité. Le Christianisme a été une maladie de l'esprit humain et peu s'en est fallu que notre pauvre terre ne devînt un habitacle de fous ; la démence de la foi aveugle mise au-dessus de la science et de la raison, la douleur préférée au plaisir, la misère à la richesse, le célibat contre nature tarissant les sources de la fécondité, le fanatisme féroce s'imposant par le fer et le feu, l'autocratie des prêtres, l'abrutissement des hommes, la misère des peuples, voilà le Christianisme. Il est jugé par ses propres armes.

Eliphas Lévi

Ainsi, selon vous, on a bien fait de crucifier Jésus-Christ, et si Néron eût réussi à extirper le Christianisme, il eût été le vrai sauveur du monde?

Le Pantheiste

Rien ne prouve l'existence historique de Jésus-Christ; le Christianisme est un courant d'idées qui ne venait pas d'un seul homme et vous-même avez affirmé et prouvé que le Christ des Evangiles est une figure symbolique de l'homme affranchi des servitudes légales et se sacrifiant librement au triomphe de la vérité et de la justice. Suivant le mythe sacré, son supplice était nécessaire au salut du monde et ceux qui l'ont crucifié ont été les exécuteurs de la haute justice de Dieu. Pour ce qui est de Néron et des autres persécuteurs, ils sont universellement condamnés par la conscience humaine. La vérité ne doit pas s'imposer par la crainte, elle doit se prouver par la raison, mais les païens, les juifs et les chrétiens ont tous été également fanatiques et, de victimes qu'ils étaient d'abord, ils sont devenus bourreaux dès qu'ils ont pu l'être avec impunité. Néron n'est pas plus affreux que saint Dominique, Torquemada vaut Domitien et il y a encore des gens qui regrettent les dragonnades; vous savez, d'ailleurs, la maxime célèbre attribuée au roi Louis-Philippe: *La responsabilité n'est quelque chose que quand on ne réussit pas.*

Eliphas Lévi

J'accepte cette maxime. Qu'est-ce, en effet, qu'une chose réussie? C'est une chose bien faite. Bien faire, c'est réussir, et celui qui ne réussit pas est plus ou moins responsable de sa maladresse. Les choses, en effet, sont tellement ordonnées par la sagesse suprême que le mal ne saurait avoir un succès réel et durable, et que le bien, malgré tous les retards et tous les obstacles, arrive toujours à son but.

Vous me parlez du mal qui s'est produit à propos du Christianisme. Ce mal est, en partie, passé, et ce qui en reste, passera. Mais le bien est resté et restera. Ce n'est pas au nom de Torquemada, mais au nom de Vincent de Paul que les sœurs de la Charité prennent soin des pauvres orphelins.

Alexandre VI n'a jamais publié de constitution apostolique justifiant l'empoisonnement et l'inceste. La religion est sainte, vous dis-je, ce sont les hommes qui sont mauvais.

Le Pantheiste

Non monsieur, les hommes ne sont pas mauvais; en parlant ainsi, vous calomniez votre mère, la sainte et divine nature, mais vous vous ressentez et vous vous ressentirez toujours de votre déplorable éducation cléricale. Savez-vous ce qui rendait Alexandre VI mauvais?

C'est qu'il se croyait le vicaire et le représentant d'un Dieu qui brûle éternellement ses ennemis; or, les ennemis du pape, aux yeux du pape, ne sont-ils pas les ennemis de Dieu? Le poison des Borgia était une peine bien douce comparée aux supplices de l'Enfer, et qui sait si cet indulgent vicaire de J.-C. n'attachait pas des pardons pour l'autre monde à ses flacons de vin de Syracuse.

On dit qu'il empoisonnait les hosties; c'était une manière de les indulgencier pour la bonne mort; n'était-il pas le maître des maîtres, et le roi des rois? n'était-il pas infaillible, ce qui veut dire certainement impeccable? Ah, ne nous parlez pas de vos pernicieuses croyances; elles conduisent à l'apothéose d'un nouveau Néron, pourvu qu'au lieu de la couronne des Césars il ait porté la tiare des pontifes; n'avez-vous pas canonisé le hideux et sanglant Ghislei? Votre Veuillot ne verse-t-il pas encore des larmes de crocodile sur l'abolition des auto-da-fé? Oh, si ces gens-là ressaisissaient un instant le pouvoir, comme ils nous jetteraient tous avec nos enfants et nos femmes sous les roues du char vermoulu qui traîne encore leur impitoyable Jaggrenat! Ne vous dites plus catholique, vous qui êtes un libre penseur, ou prenez garde que la sainte inquisition de Rome ne vous demande compte de vos œuvres. Sortez de ce Vatican, d'où les dieux sont partis depuis longtemps, d'où les rats mêmes commencent à s'enfuir et sur lequel planent, depuis la victoire de Mentana, des nuées de corbeaux et de vautours.

Eliphas Lévi

Halte-là, Monsieur, s'il y a des corbeaux au Vatican, il y a aussi des aigles. C'est la France qui tient Rome, et Rome, tôt ou tard, devra compter avec la France, qui marche, comme vous le savez, à la tête de la civilisation et du progrès. Suivant les sectateurs du sieur Veuillot, que je vous abandonne, le pape serait la réaction et la compression divinisées, mais il n'en sera pas ainsi, le pape sera ou ne sera pas, je crois qu'il doit être et qu'il ne peut être que l'évangile couronné.

Le Panthéiste

Vous êtes encore là et vous ne voyez pas que l'Evangile est dépassé depuis longtemps par le bon sens et par la science. Il y a de bonnes choses dans l'Evangile, je le sais, c'est le bon grain mêlé à l'ivraie, mais il y a aussi des enseignements barbares et des doctrines déplorables : ainsi pardonner à ses ennemis afin que Dieu les punisse davantage; ne pas résister au mal, haïr son père et sa mère, se haïr soi-même, ce qui donne un sens étrange au précepte d'aimer le prochain comme soi-même; encourager la paresse par l'aumône, et l'injustice par l'abandon volontaire de tout ce qu'on veut vous dérober, préférer l'isolement stérile à la vie de famille, haïr le monde et se faire haïr de lui ; or, le monde dans le sens de l'Evangile, c'est la société des hommes. Tuer devant le roi, c'est-à-dire devant Dieu ceux qui ne veulent pas que son fils, c'est-à-dire Jésus-Christ, représenté par le pape, règne sur eux; abjurer sa raison, briser ses affections, adorer l'humiliation et la douleur, voilà le fond de ces évangiles tant vantés; le reste, c'est-à-dire les préceptes vraiment moraux, appartient à la philosophie de tous les siècles. Voilà le fond de la religion chrétienne. Eh bien, en vérité, un homme raisonnable ne peut plus, ni défendre publiquement, ni admettre en secret une pareille religion. Le catholicisme n'est plus une Eglise, c'est une secte et la plus hideuse de toutes les sectes. Le protestantisme lui-même n'a plus de raison d'être, et il va se dissolvant tous les jours dans le panthéisme qui est la seule religion universelle et véritable.

Eliphas Lévi

Fort bien. Alors tout est Dieu, je suis Dieu, vous êtes Dieu, la bêtise est Dieu, le crime est Dieu, mais il s'ensuit même selon vous que Veuillot est Dieu, que le cléricalisme est Dieu et que le Pape est Dieu.

Le Panthéiste

Point de plaisanteries indignes de vous, Dieu est l'affirmation et non la négation de toutes choses, il est ce qu'il est et non ce qu'il prétend être, il est la vérité et non le mensonge; n'avez-vous pas dit vous-même que le mal n'a pas d'existence réelle?

Eliphas Lévi

Dans l'absolu, sans doute! mais il a dans le relatif une existence trop réelle puisqu'il agit contre le bien. Or, cette action selon vous vient-elle de Dieu?

Le Panthéiste

Oui, comme votre ombre vient de votre corps et comme les maladies viennent de la santé.

Eliphas Lévi

Alors votre Dieu est malade quand les hommes font le mal, et, lorsqu'ils disent des mensonges, c'est l'esprit de Dieu qui leur prête son ombre.

Le Panthéiste

Il faut de l'ombre à la lumière pour produire les formes visibles, et ce que vous appelez le mal est nécessaire au triomphe du bien. Dieu se fait ombre pour manifester sa lumière et il ne se montre comme lumière que pour justifier son ombre; voilà ce que veut dire votre mystère de la rédemption, voilà la raison d'être du diable qui est le masque d'ombre du visage splendide de Dieu, voilà l'équilibre du ciel et de l'enfer, voilà le satan du livre de Job recevant de Dieu lui-même la mission de tourmenter un juste, voilà pourquoi vos symboles racontent que Jésus-Christ est descendu aux enfers.

Eliphas Lévi

Mais alors, il n'y a plus de coupables. Tous les hommes sont innocents; les anges des ténèbres sont les serviteurs du masque divin, la pénalité est une injustice, la morale est un piège tendu aux faibles pour en faire les esclaves des forts, les méchants sont les plus puissants auxiliaires de la vertu et le juste leur doit ses couronnes. Ne sentez-vous pas Monsieur, qu'une doctrine si monstrueuse est subversive de tout ordre, et que, par conséquent, elle est contraire à toute vérité, car l'ordre est à la vérité comme le désordre est au mensonge.

Le Panthéiste

Ce que vous dites tient à votre système d'occultisme, mais au fond vous pensez comme moi.

Eliphas Lévi

Je proteste du contraire.

Je crois en Dieu, cause de tout, et je ne confonds pas la cause avec l'effet. Je crois à la liberté de l'homme et par conséquent à sa moralité.

Je vous accorde tout le reste.

Quatrième Dialogue

UN ISRAÉLITE — ÉLIPHAS LÉVI

L'Israélite
J'ai entendu votre conversation avec cet athée et je vois avec plaisir que vous faites bon marché des erreurs du christianisme.

Eliphas Lévi
Oui sans doute, mais c'est pour en défendre les vérités avec plus d'énergie.

L'Israélite
Quelles sont les vérités du christianisme ?

Eliphas Lévi
Les mêmes que celles de la religion de Moïse, plus les sacrements efficaces avec la foi, l'espérance et la charité.

L'Israélite
Plus aussi l'idolâtrie, c'est-à-dire le culte qui est dû à Dieu seul, rendu à un homme et même à un morceau de pain. Le prêtre mis à la place de Dieu même, et condamnant à l'enfer les Israélites, c'est-à-dire les seuls adorateurs du vrai Dieu et les héritiers de sa promesse.

Eliphas Lévi
Non, enfant de nos pères, nous ne mettons rien à la place de Dieu. Comme vous, nous croyons que sa divinité est unique, immuable, spirituelle, et, nous ne le confondons pas avec ses créatures. Nous adorons Dieu dans l'humanité de Jésus-Christ et non cette huma-

nité à la place de Dieu. Il y a entre vous et nous un malentendu qui dure depuis des siècles et qui a fait couler bien du sang et bien des larmes. Les prétendus chrétiens qui vous ont persécutés étaient des fanatiques et des impies indignes de l'esprit de ce Jésus qui a pardonné en mourant à ceux qui le crucifiaient et qui a dit: Pardonnez-leur mon père, car ils ne savent ce qu'ils font.

Notre dogme d'ailleurs ne commence pas à Jésus-Christ, il est contenu tout entier dans les mystères de la Kabbale, dont la tradition remonte jusqu'au patriarche Abraham. Notre homme-Dieu, c'est le type humain et divin du Sohar réalisé dans un homme vivant. Notre verbe incarné appelé *Logos* par Platon et par saint Jean l'évangéliste, ce qui veut dire, raison manifestée par la parole s'appelle Chocmah dans la doctrine des Séphiroth.

L'Israélite

Je vous arrête ici et je vous déclare que chez nous la Kabbale ne fait pas autorité. Nous ne la reconnaissons plus, parce qu'elle a été profanée et défigurée par les Samaritains et les gnostiques orientaux. Maimonides, l'une des plus grandes lumières de la synagogue, regarde la Kabbale comme inutile et dangereuse; il ne veut pas qu'on s'en occupe et veut qu'on s'en tienne au symbole dont il a lui-même formulé les treize articles au Sepher Thorah, aux prophètes et au Talmud.

Eliphas Lévi

Oui, mais le Sepher Thorah, les prophètes et les Talmud sont inintelligibles sans la Kabbale. Je dirai plus : ces livres sacrés sont la Kabbale elle-même, écrite en hiéroglyphes hiératiques, c'est-à-dire en images allégoriques. L'écriture est un livre fermé sans la tradition qui l'explique et la tradition, c'est la Kabbale.

L'Israélite

Voilà ce que je nie: la tradition, c'est le Talmud.

Eliphas Lévi

Dites que le Talmud est le voile de la tradition; la tradition, c'est le Sohar.

L'Israélite

Pourriez-vous le prouver?

Eliphas Lévi

Oui, si vous voulez avoir la patience de m'entendre, car il faudrait raisonner longtemps, citer et comparer des auteurs, apprécier ce qu'en ont dit M. Franck et M. Drach, deux savants hébraïstes qui ne sont pas d'accord, expliquer la genèse et Ezechiel, chercher dans ce dernier la clé de l'apocalypse de saint Jean, analyser la Mischna et voir en quoi elle diffère essentiellement des deux ghemarah, appliquer aux sept premiers chapitres de la Genèse, les clés alphabétiques et numérales du Sepher Jesirah, revenir aux livres dogmatiques du Sohar, étudier à fond le Siphra Dzenioutha avec les explications du grand et du petit Synode. Tout cela prend du temps, que je vous consacrerais volontiers, si j'espérais vous être utile, et demanderait une attention longue et contenue que vous ne m'accorderiez certainement pas.

L'Israélite

Pourquoi?

Eliphas Lévi

Parce que je ne suis pas un rabbin, ni même un Israélite, du moins à ce que vous croyez.

L'Israélite

A ce que je crois. Oh! permettez, j'en suis bien sûr.

Eliphas Lévi

Vous voyez bien qu'il est inutile que je vous parle plus longtemps, car vous m'écouteriez avec une défiance qui s'augmenterait avec la force même de mes raisons. Vous êtes encore trop juif, venez me voir quand vous douterez de votre religion et je vous montrerai la nôtre.

Cinquième Dialogue

UN PROTESTANT — ÉLIPHAS LÉVI

Le Protestant
Monsieur, vous avez écrit ceci dans un de vos livres. Je suis plus catholique que le pape, plus protestant que Luther. Quel peut être le sens de ces étranges paroles.

Eliphas Lévi
Cela veut dire que je regarde comme admissibles à la communion universelle tous ceux que le pape excommunie et que je proteste contre les fantaisies dogmatiques de votre maître, Martin Luther.

Le Protestant
Vous prétendriez alors fonder une secte nouvelle.

Eliphas Lévi
Au contraire, je voudrais fondre toutes les sectes dans une fraternelle unité.

Le Protestant
Pouvez-vous croire que le pape vous approuvera jamais?

Eliphas Lévi
Le pape ne m'a pas encore blâmé.

Le Protestant
Et s'il vous blâmait?

Eliphas Lévi
J'ai d'avance approuvé son blâme.

Le Protestant
Alors, vous vous moquez de lui et de nous.

Eliphas Lévi

Je ne me moque de personne. L'Eglise romaine a déclaré que la raison est inséparable de la foi, qu'on peut et qu'on doit amener les hommes à la foi par la raison, et je ne dis pas autre chose ; ce n'est donc pas le fond de ma doctrine que le pape pourrait blâmer, mais seulement quelques révélations des mystères de l'occultisme, qu'il pourrait trouver dangereuses ou intempestives.

Le Protestant

Il aurait, certes, bien raison ; pourquoi mêlez-vous sans cesse la religion et les sciences occultes ? Vous annoncez des livres de magie et vous faites des livres de religion ; que peuvent avoir de commun la Bible et le grimoire ?

Eliphas Lévi

Le grimoire se compose d'évocations et de prières, il suppose un dogme et contient un rituel ; les sciences occultes ont pour point de départ une théologie secrète qui est la Kabbale, elles initient aux mystères d'une thaumaturgie cérémonielle, analogue aux sacrements de l'Eglise ; vous voyez donc bien qu'on ne peut enseigner les sciences occultes, sans parler beaucoup de religion.

Le Protestant

Mais, parmi toutes les religions, pourquoi choisissez-vous et proclamez-vous la meilleure celle qui condamne le plus énergiquement la magie ?

Eliphas Lévi

Parce que c'est la seule qui soit incontestablement dogmatique et réellement thaumaturgique ; parce que la religion romaine, c'est la magie hiérarchiquement constituée qui réprouve et doit réprouver les sorciers comme des concurrents sans diplôme ; parce que les prêtres catholiques sont seuls de véritables enchanteurs, évoquant Dieu même, et le forçant à descendre sur leurs autels, rendant l'innocence aux coupables, effaçant d'un mot les sentences de mort éternelle, ouvrant et fermant à leur gré le ciel, disposant de l'éternité.

Trouvez-moi des magiciens plus puissants que ceux-là et j'irai leur soumettre mes recherches et ma science.

LE PROTESTANT

Ces choses que vous admirez dans l'église catholique sont précisément celles qui nous la rendent abominable ; ses prêtres ne sont pour nous que les enchanteurs de Pharaon et plutôt que d'habiter avec eux, nous aimons mieux souffrir avec Israël dans le désert.

ELIPHAS LÉVI

Avez-vous la baguette de Moïse ? Je crains bien qu'un beau jour vous ne vous trouviez sans Dieu et que par lassitude d'une religion sans efficacité, vous ne dansiez comme tant d'autres autour du veau d'or.

Voyez où en est l'Angleterre ; elle s'ennuie mortellement au milieu de ses richesses et le paupérisme la ronge. L'Allemagne a beau s'étendre, elle ne convertira jamais l'univers entier au culte de la choucroute et de la bière ; sa philosophie nébuleuse, en passant par Kant et par Hegel est arrivée à une désespérante obscurité. Partout, dans les pays protestants, la vie des âmes se ralentit et tous les soins de l'homme se reportent aux choses purement temporelles. Bien boire, bien manger, c'est quelque chose certainement, mais l'homme ne vit pas seulement de pain comme l'a si bien dit notre grand maître.

LE PROTESTANT

N'avons-nous pas la Bible et l'Evangile ?

Eliphas Lévi

Oui, vous les avez et vous les faites traduire dans toutes les langues pour faire lire à des sauvages, ce que les plus savants d'entre nous comprennent mal ou ne comprennent pas du tout.

La Bible ! cette Babel de l'antiquité orientale, ce livre sur lequel ont pâli les érudits de tant de siècles, cette encyclopédie ténébreuse qu'un de nos grands poètes appelle avec raison une mer terrible, toute semée d'écueils.

Voilà ce que vous mettez entre les mains des ignorants et des idiots, en leur disant: tiens, voilà la parole de Dieu, c'est à toi de comprendre, de juger et de te faire une règle de conscience. Aussi que d'interprétations diverses et plus absurdes les unes que les autres ! Le protestantisme est comme une grande maison d'aliénés, pleine de cabanons, qu'on appelle des sectes ; les uns sont des trembleurs, les autres des danseurs, plusieurs sont épileptiques, d'autres immobiles et taciturnes ; et pourtant, c'est au nom de la raison que vous faites appel au libre examen, mais qu'est-ce que la liberté sans lois, n'est-ce pas la même chose que la raison sans autorité, cette rivale impuissante de l'autorité sans raison ?

Le Protestant

Puisque Dieu a parlé dans la Bible, il doit vouloir être compris et nous inspirer lui-même le véritable sens de ses paroles.

Eliphas Lévi

Si Dieu est tenu de vous inspirer, vous n'avez plus besoin de la Bible. Vous êtes tous des prophètes et vos rêves sont toute la loi.

Le Protestant

Mais si je ne me trompe, vous-même interprétez la Bible autrement que les docteurs catholiques.

Eliphas Lévi

La Bible a un sens caché dont la science traditionnelle chez les Hébreux se nomme la Kabbale. Cette science était connue de l'apôtre saint Jean et des pères les plus savants de la primitive église ; je ne l'ai pas inventée et je n'enseigne rien qui vienne de moi, c'est ce qui fait ma force et ma confiance, c'est ce qui me donne le droit d'en appeler des catholiques mal éclairés aux catholiques mieux instruits. Me prouverez-vous que j'ai tort ?

Le Protestant

Non, parce que je ne puis vous suivre dans vos recherches, mais je garderai mes convictions.

Eliphas Lévi

Je ne prétends pas vous les ôter, la controverse ne convertit jamais personne ; on s'affermit dans les idées qu'on veut défendre et on s'y obstine davantage, à mesure que l'attaque est plus vive ; les convictions s'affermissent ou changent d'elles-mêmes, à mesure que la raison grandit et que la lumière se fait.

Le Protestant

Je désire qu'elle se fasse pour vous.

Eliphas Lévi

Je vous rends le même souhait.

Dialogue VI

UN MÉDECIN — ÉLIPHAS LÉVI

Le Médecin

Voulez-vous permettre que je vous tâte le pouls.

Eliphas Lévi

Trouvez-vous que je sente la fièvre !

Le Médecin

Oh ! je ne veux pas vous comparer à Basile, bien que vous ne puissiez vous empêcher de travailler un peu pour lui.

Eliphas Lévi

Et comment cela, je vous prie ?

Le Médecin

Oh ! vous le savez bien, vous êtes un libre penseur et vous voulez que les dogmes absurdes soient respectés pour la plus grande joie de Basile.

Eliphas Lévi

Je ne pense pas que Basile soit grand partisan des dogmes expliqués par la philosophie.

Le Médecin

Et Basile a raison, car un dogme expliqué est un dogme mort ; on n'étudie l'anatomie que sur les cadavres ; on ne dissèque pas les vivants.

Eliphas Lévi

Votre comparaison cloche, docteur, car les dogmes sont de l'esprit et l'esprit ne saurait mourir pour être disséqué comme les corps. Trouver le mot d'une énigme ce n'est pas en supprimer le texte souvent ingénieux. Est-ce donc détruire que d'éclairer?

LE MÉDECIN

Quand le sphinx est deviné, le sphinx est mort; introduire une lumière dans une lanterne de papier brouillard, c'est mettre le feu à la lanterne. Un mystère expliqué n'est plus un mystère; la foi, c'est le rêve de l'ignorance; quand la science vient, l'esprit s'éveille et le rêve n'existe plus; rêver tout éveillé, c'est être fou et c'est là que vous voulez nous conduire; or, comme il me semble que vous êtes de très bonne foi, je doute de votre santé et je viens vous tâter le pouls.

ELIPHAS LÉVI

Docteur, croyez-vous à la médecine?

LE MÉDECIN

Non, certes, je n'y crois pas, je l'ai étudiée et j'ai la prétention de la connaître.

ELIPHAS LÉVI

Et les aphorismes de cette science ne vous semblent jamais douteux?

LE MÉDECIN

Jamais, quand la vérité m'en est démontrée.

ELIPHAS LÉVI

Rejetez-vous tout ce qui n'est pas démontré?

LE MÉDECIN

Non, je l'étudie, mais je ne crois rien avant de savoir.

ELIPHAS LÉVI

Mais quand on sait, on ne croit plus, donc vous n'avez jamais rien cru, vous ne croyez rien et vous ne croirez jamais rien; si cela est vrai, je vous plains, docteur, car vous n'aimerez jamais et vous n'avez jamais aimé.

Le Médecin

Oh ! point de sentimentalisme mystique, j'ai aimé ma mère parce que je savais ce qu'elle était pour moi, j'aime ma femme et mes enfants parce que je sais...

Eliphas Lévi

Oui, vous savez et vous saviez tout cela, mais rien de tout cela ne vous était démontré, et ne peut vous être démontré encore. N'aviez-vous pas pu être changé en nourrice ? Votre femme et vos enfants... vous croyez et vous avez raison de croire à la fidélité de l'une et à la légitimité des autres, mais tout cela, docteur, ce n'est pas de la science, c'est de la foi.

Le Médecin

C'est une foi tellement raisonnable.

Eliphas Lévi

Ah ! voilà le mot que je voulais vous faire dire, foi raisonnable, c'est le mot de saint Paul, et c'est aussi le mien, je ne demande pas autre chose.

Le Médecin

Oh, ne confondons pas, moi je parle de la foi humaine et naturelle qui est essentiellement raisonnable ; vous, au contraire, vous parlez de la foi religieuse et surnaturelle, nécessairement absurde parce qu'elle suppose une révélation de l'infini au fini par le moyen du mystère éternellement incompréhensible, dont il faut adorer la formule, sans en jamais chercher le sens, ce qui équivaut à dire que Dieu défend aux hommes la raison et leur impose la démence. Qu'est-ce qu'un fou en effet ? c'est un homme qui croit aux hallucinations de son cerveau plus qu'au bon sens de tout le monde ; c'est un croyant extravagant et entêté qui agit d'après ce qu'il imagine et non en conséquence de ce qu'il voit; je vous défie de ne pas reconnaître dans ce portrait les prétendus saints de votre église catholique.

ELIPHAS LÉVI

Je voudrais être fou comme saint Vincent de Paul.

LE MÉDECIN

Oh! pour celui-là! vous savez ce qu'on en a dit avec beaucoup de finesse, c'était un brave homme, à qui l'on a fait bien du tort en le canonisant.

ELIPHAS LÉVI

Vous êtes intraitable, mais essayons d'un autre raisonnement : admettez-vous que le sentiment religieux existe chez les hommes et qu'il soit un fait physiologique avec lequel la science doit compter?

LE MÉDECIN

Oui, je reconnais l'existence de cette maladie chez un grand nombre d'hommes et je suis en mesure de vous prouver qu'elle a tous les caractères de l'aliénation mentale.

Elle a pour causes le dégoût des réalités et l'aspiration mélancolique à des chimères, une ambition démesurée et une outrecuidance qui font croire à l'homme qu'il peut s'approprier l'éternité et l'immensité, domaines d'un Dieu que l'homme se représente comme sa propre image agrandie et remplissant le ciel de ses proportions colossales.

L'homme atteint de ce mal prend les moyens les plus directement opposés à la fin qu'il se propose, il veut être immortel et se fait mourir tous les jours; il veut être l'objet des prédilections de Dieu et se rend haïssable et insupportable aux hommes même les plus imparfaits.

Il blâme, gêne et tourmente les autres, sous prétexte de les aimer ; au fond il n'aime que ses croyances, il n'admet pas qu'on les discute, la contradiction sur ce sujet le rend furieux, il fuit ceux qui voudraient le désabuser et les prend en horreur comme les aliénés font pour les médecins.

ELIPHAS LÉVI

Avez-vous tout dit! ne me parlerez-vous pas un peu aussi des meurtres commis sous prétexte de religion, des autodafés et de la Saint Barthélemy. Je sais tout cela aussi bien que vous, vous affectez comme le font toujours les adversaires des croyants, de confondre avec la religion la superstition et le fanatisme que tous les honnêtes gens ont en horreur.

LE MÉDECIN

La superstition et le fanatisme sont l'absolu en religion, les croyants raisonnables sont des tièdes, l'homme qui suit les lumières du bon sens agit comme un philosophe, et non pas comme un dévot, un dogme absurde exige un culte insensé; parlez-moi des stylites, des encuirassés, des silentiaires, des va-nus pieds, des meurt de faim, de saint Cucufin, de saint Labre, voilà les vrais croyants! les autres sont des raisonneurs. Et ne dites pas que vous m'abandonnez ces gens-là, ce sont les préférés de votre Eglise qui a toujours prêché et prêche encore la sainte folie de la croix.

ELIPHAS LÉVI

C'étaient des hommes d'un autre siècle, les temps changent et les mœurs aussi.

LE MÉDECIN

Les dogmes seuls sont immuables. Telle est du moins la prétention des croyants, mais ils changent toujours en sens inverse des idées et des mœurs.

ELIPHAS LÉVI

Qu'entendez-vous par là?

LE MÉDECIN

J'entends que les dogmes pour s'immobiliser se matérialisent toujours de plus en plus à mesure que le progrès des sciences tendrait à les expliquer, en les spiritualisant davantage. La théologie officielle est la science d'embaumer les croyances mortes et de changer en momies les symboles jadis vivants.

ELIPHAS LÉVI

Vous avez tort de dire embaumer, votre expression me rappelle les parfums de Rome de ce très odorant M. Veuillot; si vous avez lu mes livres vous devez savoir que je pense comme vous sur le pharisaïsme ancien et moderne, sur la fausse théologie (etc.), mais tout cela n'est pas la véritable religion.

LE MÉDECIN

C'est comme si vous disiez que rien de ce qui se fait se combine et se prépare dans tous les cabinets de l'Europe, n'est la véritable politique.

ELIPHAS LÉVI

Il ne faudrait pas trop me défier de le dire.

LE MÉDECIN

Alors c'est entendu, il n'y a de politique que celle que vous rêvez, il n'y a de religion que votre mysticisme personnel, vous broyez du bleu pour enluminer les nuages qui ne vous paraissent pas d'une bonne couleur. Tenez, je regrette de vous avoir tant fait parler, cela vous échauffe et ne vous vaut rien; laissez un peu dormir votre fatras de sciences occultes, ne restez pas seul, prenez de l'exercice, mettez-vous à un régime rafraîchissant et surtout ne fumez pas trop.

ELIPHAS LÉVI (*en riant.*)

Merci de votre ordonnance docteur, je crois que vos conseils sont bons et je voudrais vous faire à mon tour quelques prescriptions hygiéniques, malheureusement, je vous regarde comme incurable.

Le Médecin

Pourquoi ?

Eliphas Lévi

Parce que vous n'êtes pas malade.

Le Médecin

Ainsi vous me donnez gain de cause et je vous ai converti.

Eliphas Lévi

Ah ! pas le moins du monde, vous n'êtes pas malade, mais il vous manque un sens, vous voyez très bien, mais vous ne voyez que d'un œil, tout cela au moral, bien entendu.

Le Médecin

L'œil qui me manque ne serait-il pas par hasard celui que Victor Considérant voulait mettre au bout d'une queue ?

Eliphas Lévi

Peut-être bien docteur, et puisque vous plaisantez notre discussion est finie.

Dialogue VII

UN SAVANT — ÉLIPHAS LÉVI

Le Savant

J'accepte vos théories religieuses qui sont à peu près celles de MM. Emile Burnouf et Vacherot; je ne confonds pas l'exaltation religieuse qui produit le fanatisme avec le sentiment religieux qui peut parfaitement s'accorder avec la science et avec la raison, je trouve comme vous qu'il y a dans le mot catholicité une promesse d'avenir qui veut dire synthèse et solidarité universelles, mais il me paraît évident que cette grande et dernière transformation religieuse ne pourra s'accomplir qu'en dehors du catholicisme officiel comme le christianisme n'a pu se manifester et triompher qu'en dehors de la synagogue.

Éliphas Lévi

Si la synthèse est vraiment catholique, c'est-à-dire universelle, elle n'excluera ni l'Eglise officielle ni la synagogue, elle devra au contraire les réunir et les réconcilier. Les divisions et les subdivisions religieuses ont été les résultats de l'esprit d'analyse nécessaire à la critique; l'esprit de synthèse au contraire a pour tendance de tout réunir et de tout coordonner.

Après avoir critiqué, l'esprit humain jugera, et le jugement définitif débarrassera le ciel symbolique de ses nuages, l'humanité formulera son dogme, elle dira ceux qui m'ont nourrie quand j'avais faim, secourue quand j'étais souffrante, ceux-là sont les bénis de mon père, ceux au contraire qui m'ont opprimée et rendue misérable, sont les maudits. C'est alors que les *publicani* et *les meretrices* entreront avant les pharisiens dans le royaume de Dieu et qu'on appréciera à leur juste valeur les mérites des vivants et ceux des morts; il existera alors une morale certaine et invariable et la politique cessera d'être la science du mensonge; les droits seront prouvés et balancés par les devoirs, soit entre les nations, soit entre les hommes, cela doit être et par conséquent sera certainement.

Le Savant

J'aime votre manière aussi ingénieuse qu'hétérodoxe d'expliquer la parabole prophétique du jugement dernier, mais si je dois vous l'avouer, j'espère assez peu que les hommes en viennent jamais à cet accord définitif; si cela devait jamais être, cela serait depuis longtemps; les lumières n'ont pas manqué pour cela, ni les exhortations des grands hommes, mais les passions rivales et l'antagonisme des intérêts ont empêché, empêchent encore et empêcheront toujours les hommes de s'accorder.

Eliphas Lévi

Je ne prétends pas que la grande synthèse religieuse et sociale une fois proclamée et reconnue, tous les hommes deviendront parfaits, je ne pense même pas qu'ils se rendront tous à l'évidence de cette grande lumière; il y a eu encore dans le monde et même chez les Hébreux des idolâtres après la révélation de Moïse; la loi chrétienne est promulguée depuis dix-neuf siècles bientôt et la charité ne règne pas encore sur la terre parce que ce mot divin qui charme les cœurs n'a pas encore reçu une explication suffisante; c'est par la solidarité que la charité s'explique; or, la solidarité, c'est le socialisme, dernier mot du christianisme, c'est la propriété de chacun pour tous et de tous pour chacun. Alors on ne définira plus la propriété le droit d'user et d'abuser et l'on flétrira devant la raison et devant la morale cette conception monstrueuse du droit à l'abus. Cette révolution s'accomplira, vous dis-je, car elle est déjà faite dans le monde de l'intelligence et du progrès qui est aussi celui de la science et de la foi.

Le Savant

Il y a du bon et du vrai dans ce que vous dites, mais peut-être accordez-vous trop à la foi et pas assez à la science ; la science n'accepte pas les miracles que vous attribuez au magnétisme ou à la magie, elle n'admet pas vos prétendues sciences occultes, les prodiges pour elle n'existent pas, elle ne suppose pas que rien se fasse en dehors des lois de la nature.

Eliphas Lévi

Je ne le suppose pas non plus, mais je ne vois pas que toutes les lois de la nature nous soient connues ni que celles même qui nous sont connues aient été encore suffisamment étudiées, surtout dans leurs applications exceptionnelles ; tant que des faits certains et incontestables n'auront pas été expliqués, la science n'aura pas dit son dernier mot.

Le Savant

Il n'y a de certains et d'incontestables que les faits scientifiques.

Eliphas Lévi

Qu'appelez-vous ainsi ?

Le Savant

J'appelle ainsi les faits qui se produisent et doivent se produire en raison de certaines lois déterminées par la science.

ELIPHAS LÉVI

Ainsi selon vous les phénomènes électriques n'étaient pas des faits certains et incontestables, avant que la science eût reconnu l'existence de l'électricité?

LE SAVANT

Non, sans doute, car ils n'appartenaient pas encore à la science qui seule donne la certitude; on devait les étudier avec prudence, mais on n'avait pas le droit de les affirmer positivement.

ELIPHAS LÉVI

Eh bien, accordez-moi ceci pour les sciences occultes qu'on doive les étudier avec prudence, car je doute comme vous qu'elles puissent jamais s'affirmer positivement; les sciences occultes sont une religion et la religion ne doit jamais se confondre avec la philosophie.

LE SAVANT

Dites alors que vous êtes un mystique et ne prenez pas le titre de savant.

ELIPHAS LÉVI

C'est un titre qu'on m'a donné quelquefois, mais je ne l'ai jamais pris et je n'y prétends pas encore, je suis raisonnable et c'est une qualité qui s'accorde rarement avec le mysticisme; appelez-moi toutefois mystique si bon vous semble, puisque j'écris sur les mystères de la nature; je ne m'en fâcherai pas, j'aime et j'estime trop la science pour vouloir jamais me brouiller avec ceux qui la représentent et l'honorent.

Huitième Dialogue

UN PRÊTRE — ÉLIPHAS LÉVI

Le Prêtre
Je viens à vous comme à un confrère égaré et je vous conjure au nom de votre salut éternel de rentrer en vous-même et de songer aux promesses que vous aviez faites à l'Eglise.

Eliphas Lévi
Ces promesses étaient mutuelles, mon père, et ce n'est pas moi qui me suis retiré de l'Eglise, c'est elle qui s'est retirée de moi sans avoir autre chose à me reprocher que mon grand amour de la vérité et de la justice.

Le Prêtre
La vérité, c'est ce que l'Eglise enseigne. La justice, c'est l'obéissance à ses commandements.

Eliphas Lévi
L'Eglise ne peut pas enseigner une autre doctrine que celle de l'Evangile ; elle ne peut rien commander qui soit contraire à la morale, je suis donc d'accord avec elle. Abandonné par ceux qui devaient me protéger et me conduire, je suis rentré dans la vie laïque et j'en ai subi toutes les conséquences, mais d'esprit et de cœur je reste attaché à l'Eglise.

Le Prêtre
Pouvez-vous dire une chose semblable quand tout le monde sait que vous êtes professeur de Kabbale et de Magie, choses que l'Eglise a en horreur ! quand vous osez expliquer philosophiquement nos saints mystères

et faire du sauveur du monde lui-même une sorte de personnage fictif et mythologique semblable à Osiris et à Chrisna!

ELIPHAS LÉVI

Permettez-vous la lecture de mes livres à vos pénitentes, mon père?

LE PRÊTRE

Non certes.

ELIPHAS LÉVI

Ils sont alors sans danger pour elles, mais ils peuvent désarmer les ennemis du Christianisme en leur montrant la raison voilée où ils croyaient voir la folie; j'aime l'Eglise comme on aime une vieille mère décrépite et tombée en enfance, je la vois affaiblie par l'âge, et je ne crains pas qu'elle meure, parce que je crois à la transfiguration prochaine. Elle a entassé autour d'elle tout le bois mort des antiques préjugés et sur ce bûcher elle va se consumer comme Hercule ou comme le phénix de la fable pour renaître immortelle; le prochain concile sera une palingénésie, ce sera une oraison funèbre et une apothéose, la fin de l'Eglise romaine et le commencement de la catholicité universelle.

LE PRÊTRE

L'Eglise sera ce qu'elle est ou elle ne sera plus, mais Dieu lui a promis l'Eternité.

ELIPHAS LÉVI

Dieu seul est éternel, la lettre tue et meurt et c'est l'esprit qui vivifie. La synagogue aussi ne s'affirmait-elle pas immortelle? Le temple de Jérusalem ne devait-il pas durer autant que le soleil? la loi de Moïse n'était-elle pas parfaite et immuable? Hélas, mon père, quand les aveugles se font les conducteurs des aveugles, ils tombent avec eux dans le précipice, c'est un plus sage que moi qui l'a dit !

LE PRÊTRE

Vous voyez bien que comme les matérialistes et les athées vous croyez à la destruction prochaine et nécessaire de l'Eglise.

ELIPHAS LÉVI

Non, mon père, je crois à sa naissance prochaine, car jusqu'à présent elle n'a pas été dégagée de l'arrière-faix des institutions et des préjugés du vieux monde ; sa conception est immaculée, mais les travaux de l'enfantement auront été longs et pénibles ; il lui faut la lumière, il lui faut la raison, il lui faut la science de la nature, qui est la loi même de Dieu et pour qu'elle eût tout cela, il faut qu'elle se dégage des traditions du pharisaïsme moderne et des ténèbres de la fausse théologie, il faut qu'elle soit visitée par l'esprit d'intelligence, par l'esprit de science, par l'esprit de bon conseil que vous invoquez dans votre liturgie, *veni creator spiritus !*

LE PRÊTRE

Cet esprit-là n'est pas celui des magiciens.

ELIPHAS LÉVI

C'est celui des mages qui sont venus de l'Orient conduits par une étoile. Ne jugez pas, ô mon père, ce que vous ne connaissez pas et si vous voulez me critiquer raisonnablement, lisez d'abord mes livres.

LE PRÊTRE

On ne critique pas des auteurs comme vous, on les brûle.

ELIPHAS LÉVI

Voilà votre dernier argument, celui des inquisiteurs.

Le Prêtre

Je parle seulement de vos livres, quant à vous, c'est l'enfer qui vous brûlera.

Eliphas Lévi

Ne remarquez-vous pas qu'en parlant ainsi, vous me maudissez ! Eh bien, moi, je vous bénis et en vous voyant attiser ainsi pour moi, par votre cruelle espérance, le feu de l'enfer, je pense à Jean Huss qui, voyant une vieille femme apporter du bois pour son bûcher, s'écria *Sancta simplicitas !* lequel de vous deux est le plus chrétien ?

Le Prêtre

Puisque vous prenez le bien pour le mal et le mal pour le bien, je vous laisse à votre endurcissement.

Eliphas Lévi

Et moi, puisque je ne puis vous éclairer, je suis bien forcé de vous laisser à votre aveuglement volontaire.

Neuvième Dialogue

UN SPIRITE — ÉLIPHAS LÉVI

Le Spirite
J'ai lu votre livre de la science des esprits et je l'appellerais volontiers l'ignorance des esprits. Vous niez leur intervention dans des phénomènes dont l'évidence vous confond et cependant vous admettez presque complètement la doctrine qu'ils nous enseignent.

Éliphas Lévi
Je nie seulement tout ce qu'on ne peut raisonnablement admettre, j'attache comme vous une grande importance aux phénomènes de l'aimant humain et de la photographie astrale, je reconnais qu'on peut en les observant déterminer les grands courants de l'imagination et de la pensée collectives, ils nous initient aux mystères de la transmission sympathique des idées. Comme je ne crois pas à la mort, je crois que les idées nous survivent et que celles des trépassés peuvent se mêler encore à celles des vivants, mais je ne pense pas que les prétendus morts puissent nous révéler rien des secrets de l'autre vie, parce que la nature pour empêcher de retomber ceux qu'elle élève, ferme en dessous d'eux les portes qu'elle leur fait traverser.

Ceux qui ont vécu parmi nous y vivent encore, mais seulement par les souvenirs qu'ils ont laissés et qui sont encore leurs souvenirs; ils ne peuvent nous parler que notre langage et nous ne comprendrions pas celui du ciel.

Je ne pense pas non plus que les immortels en soient réduits à nous parler autrement que par la communication intime des pensées; dégagés de la matière inerte et pesante, ils s'adressent à ce qu'il y a en nous de plus subtil et de plus pur, ils n'ont pas besoin de se mêler aux vapeurs épaisses de l'antre de Trophonius ni aux vapeurs plus malsaines encore des femmes hystériques ou de ces hommes enclins à la catalepsie que vous appelez des médiums. Si des êtres ayant l'apparence de l'intelligence se communiquaient à nous par de tels moyens, ce ne pourraient être que des larves impures ou des ébauches spirituelles bien inférieures à l'humanité.

Je ne vous parlerai pas des nombreux cas d'aliénation mentale, déterminés par les pratiques du spiritisme, car vous me répondriez avec raison que les religions en général et, en particulier, la religion catholique, en ont produit peut-être un plus grand nombre, mais je vous ferai remarquer que vos évocations ne sont qu'un retour aux anciens oracles du paganisme, que depuis dix-huit siècles le génie du christianisme avait fait taire dans le monde entier. Or, cette exhumation du passé ne saurait avoir les caractères du progrès auquel nous croyons tous; autant vaudrait essayer comme dans un conte d'Edgar Poë, de galvaniser les momies; le christianisme étant de toutes les religions la plus spiritualiste, devait faciliter et rendre plus fréquentes les communications des esprits d'outre-tombe avec les vivants, et, c'est ce qu'il a fait par la communion des saints et l'unité des trois Eglises, l'Eglise triomphante, l'Eglise militante et l'Eglise souffrante. Alors ont cessé les prestiges des démons, c'est-à-dire des esprits inconnus et équivoques qui se manifestent par des convulsions et se plaisent dans les vapeurs. Quand l'humanité manque de religion, elle a le délire comme un affamé qui manque de pain et voilà pourquoi, maintenant que la foi est presque éteinte dans le monde, les fantômes recommencent à parler.

Le Spirite

Les esprits que vous qualifiez de fantômes prêchent comme vous la charité, la religion universelle et le salut de tous les hommes.

Eliphas Lévi

Ce sont des idées qui sont dans l'air si je puis m'exprimer ainsi, mais prêchent-ils l'organisation de la charité, forment-ils des sœurs de charité qu'on puisse opposer à celles de Saint Vincent de Paul ? remplacent-ils la hiérarchie catholique par une hiérarchie nouvelle ? Vos somnambules sont-elles des saintes et vos médiums des apôtres ? Avez-vous des sacrements qui donnent la grâce et font toucher et goûter Dieu ? Vous êtes des visionnaires comme les gnostiques, comme les illuminés, comme les convulsionnaires qui n'ont rien prouvé et rien fondé, vous prenez des phénomènes naturels pour des miracles, vous consultez des oracles de hasard et vous écoutez les voix de l'écho, sans tenir compte de la tradition, de la transmission légitime des pouvoirs et de l'autorité apostolique.

Le Spirite

Tout cela appartient au passé et vous-même n'y croyez plus, vous souriez en songeant aux inquisiteurs qui ont condamné Galilée et vous avez également en horreur Saint Pie V et Torquemada.

Eliphas Lévi

Ce que ces gens-là ont fait de mal était loin d'être conforme à la doctrine des apôtres. Est-ce parce qu'il peut arriver à un chirurgien maladroit de couper l'artère d'un malade en voulant le saigner, qu'il faut condamner et proscrire la chirurgie ?

La religion des pères de l'Eglise n'est pas celle de

Torquemada et le bon Saint François de Sales n'eût pas condamné Galilée.

Oui, certes, je crois à la charité universelle, oui j'espère le salut de tous les hommes, parce que je révère le dogme universel et parce que le Sauveur du monde a donné son sang pour tous les hommes. Je crois à la vérité de la foi des saints et au triomphe de la patience des martyrs, parce que tant de vertus ne peuvent avoir été vaines, parce qu'une si héroïque espérance ne peut avoir été trompeuse; je crois que nos enfants, lorsqu'ils font leur première communion dans toute la pureté de leur cœur et dans toute la ferveur de leur innocence reçoivent réellement ce que nulle autre religion ne saurait leur donner; devant les prodiges toujours renaissants de la charité, mon cœur se prosterne et adore.

Oui, je crois en Dieu qui fait couler les larmes de saint Augustin et les torrents d'éloquence de saint Jean Chrysostôme et de Bossuet. Je crois au Dieu de saint Vincent de Paul et de Fénelon, au Dieu des sacrements efficaces de la communion des saints et de la vénérable hiérarchie, je crois en un mot au Dieu de l'Eglise une, sainte, catholique et apostolique, malgré les scandales de Rome et le sang qui tache encore le glaive de saint Pierre. Saint Pierre cloué la tête en bas sur la croix qu'il n'a pas su tenir droite, expiera son reniement et son emportement sacrilège, mais la doctrine du Sauveur triomphera malgré les successeurs de Caïphe et les imitateurs de Judas; voilà ma foi et mon espérance.

LE SPIRITE

Est-ce aussi votre charité? il me semble que pour un fidèle enfant du pape vous traitez votre père assez mal, que vous en voulez beaucoup à ce pauvre M. Veuillot et que vous vous souciez assez peu du domaine temporel de la sainte Eglise. En tout cela, selon moi, vous avez raison, mais vous obéissez comme nous à une inspiration indépendante et particulière, vous croyez à votre propre esprit et vous êtes plus exposé à vous égarer que nous qui ajoutons foi à des communications miraculeuses de l'autre monde.

ELIPHAS LÉVI

Je crois à des raisonnements irréfutables et vous croyez à des visions très contestables.

LE SPIRITE

Tiens, si la mesure y était, cela ferait deux vers.

ELIPHAS LÉVI

Oui, dans le genre de ceux qu'écrivent vos tables parlantes.

LE SPIRITE

Avez-vous le droit de vous en moquer ?

ELIPHAS LÉVI

Des tables parlantes ? un peu, je crois et vous ne m'accuserez pas, je l'espère, de manquer en cela à la Charité, car je ne reconnais pas les meubles pour mes frères.

LE SPIRITE

Si vous vous moquez de nos tables
Nous nous moquerons de vos fables

ELIPHAS LÉVI

Ah miséricorde ! et qu'Allan Kardec nous soit en aide, voilà que vous devenez médium versificateur.

LE SPIRITE

Non, parlons sérieusement, vous affectez de nous prendre pour des fous et nous sommes plus raisonnables que vous, je vais vous en donner une preuve. Vous admettez la hiérarchie et par conséquent l'autorité de l'Eglise catholique romaine, ce qui ne vous empêche pas de croire diamétralement le contraire de ce qu'elle enseigne.

Eliphas Lévi

L'harmonie résulte de l'analogie des contraires. Toute lumière qui manifeste une forme doit nécessairement projeter une ombre, je crois à l'ombre parce que je crois à la lumière.

La liturgie catholique n'applique-t-elle pas à l'Eglise cette parole de l'épouse du cantique : *Je me suis assise à l'ombre de l'arbre que j'aimais et j'en ai savouré les fruits;* ne dit-elle pas dans son office: *Seigneur protège-nous par l'ombre de tes ailes ?*

La nuée qui guidait les Hébreux n'était-elle pas lumineuse d'un côté et ténébreuse de l'autre? et lorsque Dieu se laissa voir, c'est-à-dire comprendre à Moïse sous l'emblème de la forme humaine, ne lui dit-il pas : Je passerai devant toi et alors tu te voileras la face, puis quand j'aurai *passé tu regarderas et tu verras ce qui est derrière moi,* c'est-à-dire mon ombre.

Ne comprenez-vous pas cette tête de lumière et cette tête d'ombre qui sont le reflet l'une de l'autre, dans les magnifiques symboles du Sohar et qui expliquent tous les mystères de la religion universelle?

Le Spirite

J'avoue que je ne comprends pas très bien.

Eliphas Lévi

Si vous compreniez, vous ne seriez plus un spirite, vous seriez un initié, donc au lieu de consulter des tables où il ne peut se trouver d'autres esprits que de l'esprit de bois, priez l'esprit d'intelligence pour qu'il vous ouvre l'entendement et étudiez la Kabbale.

Dialogue X

ÉLIPHAS LÉVI — UN INITIÉ

L'INITIÉ

J'ai étudié la Kâbbale et je ne saurais partager la loi catholique romaine.

ELIPHAS LÉVI

Pourquoi ?

L'INITIÉ

Parce que les clefs de saint Pierre ne sont plus celles de la vérité.

Parce que la hiérarchie dans cette Eglise est artificielle et non réelle.

Parce qu'elle est despotique et non fraternelle ; parce qu'elle est matérielle et non spirituelle.

Parce que les conducteurs des aveugles sont aveugles eux-mêmes.

Parce que la foi aveugle du troupeau n'est justifiée que par la foi éclairée et par la science du pasteur.

Parce qu'elle (l'Eglise romaine) sacrifie trop évidemment ses intérêts spirituels à ses intérêts temporels.

Parce qu'elle abjure publiquement l'esprit de charité en autorisant, ou même en tolérant des polémistes tels que Louis Veuillot et autres diseurs d'injures.

D'où je conclus que ce corps ecclésiastique n'a plus la science suffisante et qu'il est également dépourvu de religion et de foi.

ELIPHAS LÉVI

Renoncerons-nous à la science parce qu'il y a des ignorants. Et faudra-t-il abandonner la religion parce que certaines gens l'entendent et la pratiquent mal ?

L'Initié
Le monde est las des absurdités dogmatiques.

Eliphas Lévi
Sont-elles comparables aux absurdités du matérialisme? Mais je parle à un initié qui sait que l'occultisme, c'est-à-dire l'absurdité apparente est de l'essence même de tout dogme. Ceux de la table d'Emeraude sont plus obscurs et plus absurdes en apparence que ceux du symbole des apôtres. Les livres hermétiques comme l'Apocalypse et les visions d'Ezechiel semblent complètement inexplicables, et c'est pour cela qu'ils sont arrivés jusqu'à nous. S'ils eussent été compris, ils eussent causé des révolutions dans le monde et on les eût supprimés. Vous savez l'histoire de saint Paul brûlant les livres de magie à Ephèse, d'Omar incendiant la bibliothèque d'Alexandrie et de l'inquisiteur jetant les livres et les auteurs au feu.

Le dogme, c'est l'énigme du Sphinx. Ceux qui devinent doivent se taire et cacher aux envieux qu'ils sont devenus rois et prêtres. Ceux qui ne devinent pas sont dévorés par le monstre.

L'Initié
Alors, il faut faire comme Œdipe. Il faut forcer le monstre à se précipiter dans l'abîme.

Eliphas Lévi
Et recommencer la guerre de Thèbes et l'extermination des frères ennemis. Otez la religion du monde et les hommes s'entre-déchireront; les forts écraseront les faibles, les pauvres assommeront les riches. N'entendez-vous pas à mesure que la foi s'affaiblit, la guerre sociale rugir dans l'ombre. Croyez-moi, quand les cierges de l'autel s'éteindront, on verra s'allumer les torches de la conflagration universelle.

L'INITIÉ

Vous ne croyez donc pas à la raison humaine ?

ELIPHAS LÉVI

La raison sans foi ne conseille pas le dévouement et n'admet pas le sacrifice. L'homme est égoïste par raison, il n'est grand et généreux que par croyance.

L'INITIÉ

Je le pense comme vous. Croire à l'honneur, croire à l'amour, croire à la vertu, c'est croire en Dieu et je voudrais répandre dans le monde entier cette foi salutaire. Le théisme à notre époque suffit au monde.

ELIPHAS LÉVI

Cela était bon à dire au temps de Jean-Jacques-Rousseau et ferait rire aujourd'hui de pitié, les disciples de Proudhon. Il n'y a plus maintenant de milieu logique entre ces deux termes. Athéisme ou religion révélée. Or, vous savez bien qu'il existe une révélation, vous à qui l'on a montré sur quelle pierre vivante est posée la citadelle de la Thèbes invisible, vous qui comprenez les symboles de la nouvelle Jérusalem.

L'INITIÉ

Oui, je sais qu'il existe une révélation dont l'Eglise romaine a toujours persécuté les fidèles.

ELIPHAS LÉVI

Dites les infidèles, c'est-à-dire les indiscrets et les profanateurs du symbolisme occulte.

L'INITIÉ

Appelez-vous infidèles ou indiscrets, Vanini, Giordano Bruno et Savonarole? Les templiers punis de mort et les francs-maçons excommuniés? Appréciez-vous les horribles supplices endurés par Campanella? Aimez-vous les bourreaux d'Urbain Grandier? Etes-vous pour les conseillers des Dragonnades ? Non, n'est-ce pas. Non, j'en suis certain. Eh bien, n'ayez pas honte de le dire et de le proclamer hautement. Vous serez peut-être excommunié, mais vous agirez en honnête homme.

Croyez-moi, frère, ne vous faites point le malencontreux avocat d'une cause à jamais perdue. Parce qu'on veut comme Caton d'Utique, rester fidèle à ce que les dieux abandonnent, on est bientôt réduit à se jeter sur son épée et à se déchirer les entrailles. Malheur aux hommes qui s'obstinent à rester dans le temple quand les dieux s'en vont! Est-ce que vous croyez que le monde, j'entends le monde intelligent et éclairé par la science, reviendra jamais au dieu de l'enfer pour les multitudes et du ciel pour un petit nombre de privilégiés ignares, au Dieu qui proscrit la raison, la science et la liberté. Ne sentez-vous pas que le vrai Dieu doit être d'accord avec la nature qui est sa loi et avec l'humanité qui est sa fille. Le dieu de Moyse était-il juste lorsqu'il favorisait un seul peuple en vouant les autres nations à l'anathème et le Dieu des Chrétiens ne damne-t-il pas encore la majorité des habitants de l'univers. Quelle monstrueuse invention que cet enfer ouvrant sa gueule immense et engloutissant le fleuve presque entier des générations successives et cela par le caprice d'un Dieu qui s'est fait crucifier pour racheter les hommes. C'en est fait, vous dis-je, c'en est fait de ces croyances barbares... Elles ne régneront plus sur nous, car elles sont mortes à jamais. Vous voulez peut-être, pour accomplir je ne sais quel rêve filial, les ensevelir avec honneur, mais prenez garde, la terre est mouvante autour de la fosse qu'elles se sont creusée, et vous pourriez y tomber avec elles.

ELIPHAS LÉVI

Je ne crains pas la mort; car mon espérance est

pleine d'immortalité et tant que Dieu ne m'aura pas révélé un dogme nouveau, je tiendrai à celui de l'Eglise en me dégageant des ombres de la lettre et en faisant appel à la lumière de l'esprit.

L'INITIÉ

Un dogme nouveau ! Mais pouvez-vous ignorer que ce dogme existe déjà dans toutes les intelligences élevées ? Vous-même l'avez formulé et je pourrais en écrire le symbole avec des extraits de vos œuvres.

Nous croyons en Dieu, principe de tout être, de tout bien et de toute justice inséparable de la nature qui est sa loi et qui se révèle par l'intelligence et l'amour.

Nous croyons en l'humanité, fille de Dieu dont tous les membres sont solidaires les uns des autres, en sorte que tous doivent concourir au salut de chacun et chacun au salut de tous.

Nous croyons que pour servir Dieu, il faut servir l'humanité. Nous croyons à la réparation du mal et au triomphe du bien dans la vie éternelle.

ELIPHAS LÉVI

Amen ! Ceci est le pur esprit de l'Evangile et ce n'est pas un dogme nouveau ; c'est le résumé de tous les dogmes. C'est la synthèse dogmatique de la religion éternelle, mais je prétends et je pourrais au besoin démontrer que ce symbole explique tous les autres sans les détruire et deviendra un jour celui de la catholicité vraiment humanitaire et universelle.

LE LIVRE DES SAGES

RÉSUMÉ GÉNÉRAL
par définitions et par aphorismes

CHAPITRE I

La Religion

Le paradis de l'âme, c'est la raison satisfaite ; son enfer, c'est la folie irritée.

II
Le Dieu de la raison est lui-même la raison lumineuse des choses. Le dieu de la folie est la déraison obscure des rêves.

III
Dire que Dieu se révèle à la folie pour confondre la raison, c'est comme si l'on disait que le soleil se révèle à la nuit pour confondre la lumière.

IV
Dieu se révèle par des lois et dans des lois qui ne changent jamais. Il est implacable parce qu'il n'est jamais irrité. Il ne saurait pardonner parce que jamais il ne se venge.

V
Le mal n'est que l'avortement du bien. On peut mourir des suites d'une fausse couche et si la femme l'a provoquée par des imprudences, elle en est bien assez punie.

VI

Le diable, c'est la folie attribuée à Dieu. C'est Dieu qui semble s'affirmer méchant par un plénipotentiaire issu des cauchemars de la folie humaine.

VII

Le miracle, c'est la folie attribuée à la nature. La nature ne saurait enfreindre la moindre de ses lois sans tomber tout entière en démence.

VIII

Si un seul grain de poussière pouvait se mouvoir contrairement aux lois de l'attraction et de la pesanteur, la chaîne de l'harmonie universelle se briserait et rien au monde ne subsisterait plus.

IX

La Bible, c'est la philosophie des anciens écrite en énigmes et en paraboles à la manière des poètes orientaux.

X

La Kabbale est la formule chiffrée de l'hypothèse divine. Les mystères sont les théorèmes de son algèbre. C'est simple comme deux et deux font quatre, clair comme les quatre règles de l'arithmétique et obscur pour les ignorants comme la table des logarithmes ou le binôme de Newton.

XI

Dieu, c'est le grand silence de l'infini. Tout le monde parle de lui et parle pour lui et rien de ce qu'on dit ne le représente aussi bien que son silence et son calme éternels.

XII

La loi est rigoureuse, elle est nécessaire, elle ne peut pas ne pas être, elle ne peut pas être autrement qu'elle n'est étant donnés les phénomènes de l'être et de la vie. Or, l'être est, et pour lui assigner une cause, il est inutile d'imaginer un autre être. Mais il faut lui reconnaître une raison et cette raison c'est ce que nous appelons Dieu.

XIII

Tous les maux de l'âme humaine viennent de la crainte et du désir. Les menaces et les promesses sont les grands moyens de corrompre et d'abrutir les hommes. Le dogme qui fait espérer le privilège et qui menace d'un châtiment exorbitant, monstrueux et sans fin les multitudes ignorantes n'est ni divin, ni humain, ni raisonnable, ni civilisateur.

XIV

Depuis le règne de Constantin jusqu'à nos jours, le Christianisme officiel n'a été qu'un essai de plus en plus malheureux de concilier les lumières du Christianisme avec les ténèbres de l'ancien monde.

XV

L'Evangile n'est pas le jour, c'est une belle nuit pleine de lueurs crépusculaires; c'est un ciel étincelant d'étoiles.

XVI

Dieu, c'est l'esprit, et ceux qui l'adoreront désormais doivent l'adorer dans l'esprit et dans la vérité. Voilà une étoile fixe qui en s'approchant devient un soleil. Père, pardonne-leur, car ils ne savent ce qu'ils font, voilà l'humanité réelle qui se montre plus grande que la divinité fictive.

Vous n'avez qu'un Maître qui est Dieu et vous êtes tous frères; ceci est une comète qui menace les prêtres et les rois du vieux monde.

Que celui qui est sans péché, jette à cette femme la

première pierre; ceci est la lueur crépusculaire du soleil de justice.

Jésus ne se donne pas lui-même comme étant l'esprit de vérité; il annonce seulement que cet esprit viendra.

XVII

L'esprit de vérité explique tout et ne détruit rien. Expliquer, c'est transformer. Dans la nature tout se transforme, rien ne se détruit; il en est de même en religion.

L'ancien testament s'explique par le nouveau et le nouveau par la réforme sociale qui est la charité transformée en solidarité.

XVIII

Dans Eden fructifiaient deux arbres : l'arbre de science et l'arbre de vie; l'arbre de science, c'est la raison et l'arbre de vie, c'est l'amour qui produit la foi. La raison sans la foi, c'est la mort du cœur. La foi sans la raison, c'est la folie créatrice de l'enfer, c'est l'anéantissement de l'esprit.

XIX

L'arbre de vie qui est celui de la foi, n'a qu'une racine et qu'une tige. Il a ses printemps et ses hivers. Il a des feuilles et des fleurs qui tombent. Ne dites pas que l'arbre est mort lorsqu'il se dépouille; il reverdira au printemps. Ne cherchez pas à le couper, parce que ses fleurs sont flétries; attendez qu'il donne ses fruits.

XX

En dehors des mathématiques pures tout n'est vrai que proportionnellement, relativement et progressivement.

XXI

Discuter contre les fous, c'est insensé; les contrarier ou se moquer d'eux, c'est inhumain; il faut seulement les empêcher de nuire.

XXII

S'irriter contre le désordre, c'est un désordre; faites l'ordre et le désordre cessera.

XXIII

Proclamer hautement la raison au milieu des fous, c'est faire un acte de folie. Avoir raison contre tout le monde, c'est avoir tort devant la société; voilà ce qui justifie la rétractation de Galilée.

CHAPITRE II

La Morale

I
Le mal dans la nature est une maladie de croissance. La douleur est l'auxiliaire de l'enfantement.

II
La peine n'est pas une vengeance, c'est un remède. L'expiation n'est pas une servitude, c'est un traitement.

III
La peine du péché, c'est la mort. Elle est le remède aux misères humaines qui sont le péché de la nature.

IV
La vie est éternelle. La mort qui, dans son idéal, est la négation de la vie ne peut donc être qu'apparente et transitoire.

V
La mort passagère n'est qu'un phénomène de la vie éternelle, analogue à celui du sommeil ou du réveil. Une bonne nuit est la conséquence d'une journée bien remplie.

VI
Le phénomène de la mort réalise seul les grands problèmes de la terre: liberté, égalité, fraternité et solidarité.

VII
La mort est la liquidation finale des dettes de la solidarité humaine.

VIII

La mort étant la plus forte peine et tous la subissant sans l'avoir également méritée, il y a reversibilité du mérite des uns sur le démérite des autres.

IX

Qui paie ses dettes s'enrichit; qui paie celles des autres s'ennoblit.

X

Faire le bien, c'est un bonheur et un honneur, et Dieu ne doit pas plus de récompenses aux justes que l'Etat n'en doit à ceux qui font fortune.

XI

Faire le mal, c'est un malheur et une honte, et la bonté suprême doit aux méchants des moyens de réparation, puisqu'elle est toute-puissante.

XII

Personne n'a le droit de punir; c'est la loi seule qui punit.

XIII

Le diable est le bâtard du Dieu vengeur. Le rédempteur est le fils légitime du Dieu juste.

XIV

La morale est essentielle, absolue, universelle, naturelle; mais elle n'est pas indépendante car elle dépend de la loi.

XV

Une Société qui pour se conserver en est réduite à se couper un membre est une Société gangrenée. Mais l'humanité qui est immortelle n'admet pas de retranchements.

XVI

Dieu étant la vie réelle du grand corps de l'humanité, si la majorité des hommes pouvait être damnée, on pourrait dire que Dieu, c'est l'Enfer.

XVII

Si un seul homme pouvait être réprouvé sans remède et sans espoir, la rédemption serait un mensonge et la création une monstrueuse injustice.

XVIII

Aimez-vous les uns les autres, cela ne voulait pas dire : Excommuniez-vous et damnez-vous les uns les autres.

XIX

La catholicité vraiment universelle, voilà la raison et la vérité. Le catholicisme exclusivement romain, voilà l'absurdité et le mensonge.

XX

Faites aux autres, non pas ce que vous voudriez qu'on vous fît, mais ce que vous devez vouloir qu'on vous fasse et ne leur faites pas ce qu'il serait injuste de vous faire.

XXI

L'humanité dirigée par la justice, et la justice tempérée par l'humanité, voilà la morale tout entière.

CHAPITRE III

La Nature

I
La nature est inconsciente d'elle-même. Ce n'est évidemment pas un machiniste, c'est une machine merveilleuse mais aveugle.

II
C'est comme un balancier soumis au mouvement qui frappe des médailles admirables quand la matière se présente bien, qui donne des ébauches baveuses et difformes quand la matière se présente mal.

III
La matière obéit à l'esprit avec une résistance proportionnelle à la faiblesse de l'action.

IV
La force de l'action régulière est en raison directe du développement de la volonté libre dans le moteur intelligent.

V
L'infini crée infiniment, mais progressivement; autrement l'incréé se créerait infiniment lui-même, ce qui est absurde.

VI
Le progrès infini, c'est le défaut se corrigeant éternellement.

VII
L'infini incréé et le fini infiniment créé sont comme les lignes asymptotes qui s'approchent éternellement sans pouvoir jamais se toucher.

VIII

L'infini agissant dans le fini agit nécessairement d'une manière toujours relativement finie, c'est-à-dire imparfaite, mais toujours absolument parfaite dans les rapports du fini avec l'infini.

IX

La nature ne met jamais en jeu que les forces nécessaires pour vaincre proportionnellement la résistance.

X

La résistance est à la force comme le point d'appui est au levier.

XI

La loi du progrès lent et régulier est la loi universelle de la nature.

XII

Ce qui dirige et nécessite le progrès, c'est la perfection existante en toute chose à l'état latent.

XIII

Dans toute la nature la perfection à l'état latent, c'est la pensée de Dieu. La nature est une horloge que Dieu à montée.

XIV

Elle peut avancer ou retarder par la fatalité de ses rouages matériels, mais elle ne s'arrête jamais parce que son mouvement est le génie de l'horloger suprême.

XV

Le principe créateur et régulateur se manifeste dans la nature comme une intelligence latente qui se fait jour à travers des obstacles et ne peut que par ces obstacles mêmes limiter son infini pour lui faire produire la forme finie.

XVI

La nature serait imparfaite et par conséquent indigne de Dieu si elle était stationnaire. Mais son imperfection même nécessite le progrès et le progrès est la condition nécessaire de la vie éternelle.

XVII

La vie est comme une roue qui tourne. Lorsqu'on arrive en haut, à moins qu'on ne se détache de la roue pour s'élancer dans l'espace, il faut nécessairement retourner en bas.

XVIII

La vie est collective pour les êtres imparfaits; elle devient progressivement personnelle par le perfectionnement.

XIX

Le feu éternel où sont rejetés les imparfaits, c'est la vie collective et inférieurement progressive.

XX

Quand l'être imparfait s'affirme comme fini, il se croit parfait parce qu'il sent vivre en lui le principe éternel de la perfection progressive.

XXI

Tout être imparfait meurt de son imperfection parce que cette imperfection atteste le besoin impérieux et fatal d'une perfection plus grande.

XXII

Quand l'être imparfait va mourir de décrépitude, c'est-à-dire d'impuissance, la nature repousse tout ce qui pourrait le conserver dans son imperfection actuelle. Cela est vrai des religions, des empires, des civilisations et des hommes. Embaumer et galvaniser les cadavres, c'est rendre un culte à la mort. Ceux qui croient à la vie éternelle ne cherchent pas à immobiliser la mort; ils favorisent au contraire le mouvement régénérateur de la vie.

XXIII

Quand l'homme vieillit, il perd ses dents, ses yeux se voilent, ses pieds et ses mains s'engourdissent. C'est la nature qui lui ôte les moyens de se conserver.

Quand les pouvoirs doivent tomber, les gouvernants sont frappés d'incapacité et de démence. Ils repoussent les hommes de talent et n'écoutent que les mauvais conseils. Louis XVI regardait comme ses seuls amis ceux qui le poussaient à sa perte. Rome a condamné Lamennais et repousse de toutes ses forces l'éloquence de l'évêque Dupanloup, la science et le courage du père Gratry, etc. Mais elle favorise, encourage et approuve Louis Veuillot.

XXIV

La mort n'anéantit que l'imparfait; c'est comme un bain de feu qui sépare de son alliage le métal pur.

C'est pour cela que le sauveur du monde donne le nom de feu éternel à ces limbes de la vie où l'imperfection nécessite toujours la mort.

XXV

Le fini se détache de l'infini comme par amputation. Les limites du fini sont comme une plaie que la nature se hâte de cicatriser. Ainsi se forment les écorces qui sont la substance matérielle des mondes. Il se forme aussi des écorces sur les croyances finies. Ce sont les dogmes matérialisés et les superstitions qui veulent s'immobiliser.

XXVI

Depuis cent cinquante mille ans et plus, des races humaines se succèdent sur la terre. Ces races ont essentiellement différé les unes des autres, et ont péri par leurs imperfections.

XXVII

Ces races n'ont pu avoir qu'une responsabilité relative à leur développement. Quand la nature fait des pauvres, elle se charge de payer pour eux. C'est pour cela qu'on dit que Dieu devait souffrir la mort pour expier les fautes des hommes, manière de parler paradoxale qui révèle une intuition hardie des secrets de la justice éternelle.

XXVIII

La race actuelle périra comme les autres et elle donne déjà des signes de décrépitude. Les hommes qui viendront après nous, seront supérieurs comme nous sommes supérieurs à l'orang-outang et au gorille.

XXIX

Ceux-là seront responsables parce qu'ils seront libres et Dieu n'aura plus besoin de mourir.

XXX

La nature est lente à opérer les transformations qui substituent des races nouvelles à d'autres races. Les peuples naissent, grandissent et vieillissent. La décadence de Rome ressemblait à la nôtre, mais la race humaine n'a pas changé. La majorité des hommes manque de logique et de justice. Et pourtant nous en sommes encore à vouloir le gouvernement des majorités.

XXXI

La nature est aristocrate et monarchique. Les univers n'ont qu'un soleil, l'homme n'a qu'une tête et le lion est toujours le roi du désert.

XXXII

La vérité, la raison, la justice, la loi sont rigoureusement despotiques et personne ne se soustrait impunément à leur autorité. Où ne règnent ni la vérité, ni la raison, ni la justice, ni la loi, c'est la force fatale qui décide, mais toujours suivant la loi d'un équilibre providentiel.

XXXIII

Un roi sans justice, c'est un anarchiste couronné, et les anarchistes conspirateurs sont des tyrans qui veulent briser la couronne pour s'en disputer les morceaux.

XXXIV

Les forces fatales de la nature peuvent devenir les auxiliaires de l'intellignce de l'homme. Il suffit pour cela de les connaître et de savoir les diriger.

XXXV

L'homme ne peut rien quand il est seul. Les grandes forces humaines, ce sont les forces collectives. Mais ces forces, pour être entières, doivent être monarchiques c'est-à-dire dominées par l'impulsion et la direction d'un seul. Un homme seul, fût-il un homme de génie, est une tête sans corps. Une multitude non dirigée par une autorité infaillible et unique, c'est un corps sans tête.

XXXVI

C'est la confiance des écoliers qui fait l'autorité du maître. Si un écolier doute de l'infaillibilité du maître, il ne doit plus venir à l'école.

C'est la confiance aveugle des soldats qui fait la force du général. Un soldat qui croit que son général se trompe est à la veille de déserter.

Les soldats obéissants sont la force des armées; les soldats raisonneurs et réfractaires en sont la faiblesse.

Pour être maître il faut savoir se faire obéir. Et pour cela il faut magnétiser les multitudes.

CHAPITRE IV

Le Magnétisme

I

Le magnétisme chez l'homme est un rayonnement et une attraction physiques déterminés à une direction par la force morale.

II

Tous les êtres rayonnent les uns vers les autres et s'attirent ou se repoussent les uns les autres avec une force qui peut être augmentée, diminuée et dirigée par la science.

Le magnétisme universel n'a encore été examiné par la science que dans ses manifestations astrales et métalliques.

IV

Par la science, on compose des aimants métalliques artificiels plus forts que les aimants naturels.

V

On pourrait arriver au même résultat pour toutes les spécialités de l'aimant.

VI

On augmente le magnétisme humain naturel par le régime et l'exercice; on peut faire des aimants humains artificiels ou composant des groupes et des cercles équilibrés.

VII

Les cercles sont pairs et les groupes impairs.

VIII

On magnétise les pairs avec la droite et les impairs avec la gauche.

IX

Les semblables se repoussent et les contraires se recherchent.

X

Les aimants observés par la science ont deux pôles et un centre. L'aimant humain représenté par l'étoile du pentagramme a autant de pôles que de centres. Les deux pôles de la tête sont les deux pieds; les deux pôles de la main droite sont la main gauche et le pied gauche; les deux pôles de la main gauche sont la main droite et le pied droit; les deux pôles du pied droit sont la tête et la main gauche; les deux pôles du pied gauche sont la tête et la main droite.

XI

L'aimant humain est double dans chaque sujet : masculin, c'est-à-dire rayonnant à droite, et féminin, c'est-à-dire absorbant à gauche, avec des nuances et des irrégularités causées par la différence des habitudes et des caractères.

XII

Les sujets chez lesquels prédomine le magnétisme rayonnant sont des magnétiseurs. Ceux chez qui abonde le magnétisme absorbant sont des sujets magnétiques.

XIII

Les magnétiseurs lorsqu'on ne sait pas leur résister peuvent être des fascinateurs, et les sujets magnétiques lorsqu'on ne les domine pas, deviennent facilement des vampires parmi les vivants.

XIV

Les femmes rayonnantes sont les inspiratrices ou les fléaux des hommes faibles et les femmes absorbantes sont les Dalila des hommes forts.

XV

Un homme et une femme supérieurs ne s'accorderont jamais ensemble. Victor Hugo et George Sand eussent fait très mauvais ménage, et d'un essai de rapprochement entre Benjamin Constant et Mme de Staël, est né le triste et beau roman d'Adolphe. Pour aimer Lélia il faut être Sténio et se résigner à la mort de l'esprit et du cœur.

XVI

J.-J. Rousseau obéissait à cette loi magnétique lorsqu'il épousait Thérèse Levasseur. Thérèse fut longtemps pour lui une compagne douce et dévouée; mais il lui laissa voir de telles faiblesses qu'elle se crut supérieure à lui et devint acariâtre. Lorsqu'elle le crut tout à fait fou elle lui préféra un valet. Si l'on veut rester le maître avec les faibles il ne faut jamais faiblir devant eux.

XVII

Deux personnes forment une force, trois forment un groupe, quatre forment un cercle. Dans la scène symbolique de la transfiguration, Jésus au centre est polarisé dans le ciel par Moyse et Elie, et sur la terre, saint Pierre au centre est polarisé par saint Jacques et saint Jean. Deux groupes réunis forment un cercle parfait.

XVIII

Douze hommes actifs et déterminés à donner leur vie pour propager l'idée d'un maître peuvent changer la force du monde; les apôtres l'ont bien prouvé et ils ont fait des miracles.

XIX

Il faut des compères aux escamoteurs et des croyants aux prophètes. Sans cela rien ne réussit.

XX

Les sorciers eux-mêmes font réellement des prodiges lorsqu'ils sont aidés par la crédulité des imbéciles.

XXI

Mais je vous le dis en vérité, thaumaturges petits et grands, que vous soyez prophètes, escamoteurs ou sorciers, ne prêtez jamais au ridicule. Rien ne brise les cercles magnétiques comme un éclat de rire.

XXII

Un prophète qu'on tue ressuscite le troisième jour; mais un prophète dont on a ri n'est plus qu'un fou ou un jongleur.

XXIII

Ponce-Pilate le comprenait bien, lorsqu'il présenta Jésus au peuple fagotté en roi d'une maison de fous. Pour empêcher cet homme d'être un dieu il fallait en faire un grotesque; mais les prêtres qu'il avait blessés à mort voulaient du sang et ils en firent un martyr. Tout le monde sait ce que leur coûta cette faute.

XXIV

Garibaldi, le Roland de Palerme, le don Quichotte de Mentana, vient dit-on, d'écrire un roman. Je ne sais si ce livre est bien ou mal, mais il finira d'une manière assez burlesque l'histoire de Garibaldi. Que ce héros ne rêve plus la conquête des royaumes, il ne pourra plus désormais conquérir que l'île de Barataria.

XXV

A partir de la scandaleuse et ridicule affaire du Collier, Cagliostro ne fit plus rien de merveilleux et il finit par aller sottement se faire emprisonner à Rome où il mourut charlatan après avoir été grand cophte.

XXVI

Les charlatans aiment à se montrer et les vrais adeptes se cachent. En faisant des tours on gagne de l'argent; en faisant les œuvres de la science on peut s'attirer des persécutions. Ce n'est pas la lumière que craignent les sages, ce sont les regards et les obsessions des fous.

XXVII

La raison existe en elle-même comme les mathématiques pures. Elle n'est pas dans l'homme : les hommes agissent d'après leur sentiment personnel qui n'est jamais l'absolue raison. Or les sentiments humains se forment par l'éducation, par les conseils et par l'exemple, c'est pour cela qu'il y a solidarité entre les hommes et que Dieu, c'est-à-dire la raison suprême, répond pour eux tous et doit les sauver tous. C'est pour cela aussi que les grandes passions sont contagieuses et les fortes volontés souveraines parmi les hommes.

XXVIII

La raison étant la borne contre laquelle se brisent fatalement toutes les aspirations de la folie humaine, la grande majorité des hommes fuit et déteste la raison. On les passionne furieusement et on les attache invinciblement en divinisant pour eux la folie parce qu'ils trouvent dans ce sacrilège l'apothéose de leurs désirs.

XXIX

Un homme sans passions n'est jamais magnétiseur parce qu'il n'est pas un foyer d'ivresse; il peut calmer, il n'excite pas. Les vrais apôtres de la raison n'ont jamais fait de prosélytes; l'avantage qu'ils ont sur les autres, c'est que, s'ils n'entraînent personne, personne aussi ne les entraîne.

XXX

Mettre une immense folie au service d'une grande raison, en cachant la raison et en décorant la folie, voilà le secret du succès et de l'entraînement des multitudes.

XXXI

Les sages qui meurent pour la raison lèguent leur science à la folie. Il faut vivre pour la raison en se servant de la folie : *Hoc est arcanum magnum*.

XXXII

On peut s'attacher à la vérité mais on ne se passionne jamais que pour le mensonge, parce que la passion, c'est l'emportement et l'obstination dans l'absurde.

XXXIII

Toutes les religions humaines ont un côté vrai et un côté faux. C'est par leur côté faux seulement et toujours qu'elles inspirent le fanatisme.

XXXIV

Pour faire accepter aux hommes une vérité de plus, il faut l'envelopper de nouveaux mensonges. Ces voiles successifs sont ce qu'on appelle les révélations. Les révélations successives sont et doivent être une succession de mensonges puisque la vérité ne change pas. Dire que Dieu s'est fait juif avec Moyse, puis chrétien avec Jésus-Christ, puis musulman avec Mahomet... ce n'est point parler sérieusement.

XXXV

Les courants magnétiques vont d'un pôle à l'autre en passant par le centre, sans s'y arrêter jamais. La réaction est toujours proportionnelle à l'action, mais parfois la réaction gagne en durée ce qu'elle perd en intensité. Après une année de fol amour on peut se haïr froidement pendant vingt ans.

XXXVI
Le magnétisme du mal agit plus rapidement et plus violemment que le magnétisme du bien, mais il se brise par sa violence même et le bien triomphe toujours. Le bien est conservateur et réparateur, le mal est perturbateur et destructeur.

XXXVII
Le magnétisme est le serpent astral qui promet à la femme un pouvoir divin et qui l'entraîne dans la mort. C'est aussi le double serpent qui s'enlace autour du caducée d'Hermès.

XXXIX
Le caducée, c'est le sceptre de l'équilibre. Soyez maître de vous-même et vous serez maître des autres; soyez équilibrés et vous serez équilibrants. La baguette de Moyse est la même que celle d'Hermès. Lorsqu'il la jette, elle devient un serpent; lorsqu'il la reprend, elle redevient une baguette. Dans cette allégorie il faut voir le grand secret de la direction du magnétisme.

XL
Ce qui rayonne de nous sous l'empire de notre volonté revient à nous sous l'empire de la fatalité. Si c'est la lumière de vie, elle nous immortalisera; si c'est le phosphore de la mort, il nous fera mourir.. peut-être pour jamais.

CHAPITRE V

La Mort

I

La mort est la dissolution nécessaire des assemblages imparfaits. C'est la réabsorption des ébauches de vie particulière dans le grand travail de la vie universelle. Il n'y a que le parfait qui soit immortel.

II

C'est un bain dans l'oubli. C'est la fontaine de Jouvence où se plongent d'un côté les vieillards et d'où sortent de l'ombre les petits enfants.

III

La mort c'est la transformation des vivants. Les cadavres sont les feuilles mortes de l'arbre de vie qui aura encore toutes ses feuilles au printemps. La résurrection des hommes ressemble éternellement à celle des feuilles.

IV

Les formes périssables sont déterminées par des types immortels.

V

Tous ceux qui ont vécu sur la terre y vivent encore dans les empreintes nouvelles de leurs types, mais les âmes qui ont déposé leur type reçoivent ailleurs une forme nouvelle déterminée par un type plus parfait en s'élevant toujours sur l'échelle des mondes. Les mauvaises empreintes sont brisées et leur matière retourne à la masse commune.

VI

Nos âmes sont comme une musique dont nos corps sont les instruments; la musique reste sans l'instrument mais elle ne peut se faire entendre. Sans un médiateur matériel, l'immatériel est inconcevable et insaisissable.

VII

L'homme ne garde de ses existences passées que des prédispositions particulières à l'existence présente.

VIII

Le péché originel pour lequel Jésus-Christ répond c'est l'innocence rendue à tous les hommes. La responsabilité devant Dieu suppose la perfection et l'homme parfait est impeccable.

IX

Les évocations sont les condensations du souvenir; c'est la coloration imagée des ombres. Evoquer ici-bas ceux qui n'y sont plus, c'est faire ressortir leurs types de l'imagination de la nature.

X

Pour être en communication directe avec l'imagination de la nature il faut être dans le sommeil, dans l'ivresse, dans l'extase, dans la catalepsie ou dans la folie.

XI

Le souvenir éternel ne conserve que les choses impérissables. Tout ce qui passe dans le temps appartient de droit à l'oubli.

XII

La conservation des cadavres est une résistance aux lois de la nature. C'est un outrage à la pudeur de la mort qui cache ses œuvres de destruction comme nous devons cacher celles de la génération. Conserver les cadavres, c'est créer des fantômes dans l'imagination de la terre. Les spectres du cauchemar, de l'hallucination et de la peur ne sont que les photographies errantes des cadavres conservés.

XIII

Ce sont les cadavres conservés ou mal détruits qui répandent sur les vivants le choléra, la peste, les maladies contagieuses, la tristesse, le scepticisme et le dégoût de la vie. La mort s'exhale de la mort. Les cimetières empoisonnent l'atmosphère des villes et les miasmes des cadavres rendent les enfants rachitiques jusque dans le sein de leurs mères.

XIV

Près de Jérusalem, dans la vallée de Gehenna, on entretenait un feu perpétuel pour consumer les immondices et les cadavres des animaux, et c'est à ce feu éternel que Jésus fait allusion lorsqu'il dit que les méchants seront jetés dans la Gehenna, pour faire entendre que leurs âmes mortes seront traitées comme des cadavres.

XV

Le Talmud dit que les âmes de ceux qui n'auront pas cru à l'immortalité ne seront pas immortelles. C'est la foi seule qui donne l'immortalité personnelle ; la science et la raison n'affirment que l'immortalité collective.

XVI

Dans le catéchisme des Israélites on lit : « Nous croyons à des récompenses et à des peines après la mort ; mais nous ne savons de quelle nature sont ces peines, et ces récompenses. » Il est positif que sur cela nous pouvons faire des conjectures ou embrasser des croyances, mais que nous ne savons absolument rien et que les chrétiens raisonnables doivent penser comme les Israélites. Or, si nous n'en savons rien, c'est qu'il n'est pas nécessaire que nous le sachions. Faisons donc ce livre et vivons en paix.

XVII

Le péché mortel est le suicide de l'âme. Ce suicide aurait lieu si l'homme se donnait au mal avec toute la plénitude de sa raison, une connaissance parfaite du bien et du mal et une entière liberté ; ce qui paraît impossible en fait, mais ce qui est possible en droit, puisque l'essence de la personnalité indépendante, c'est une liberté illimitée : Dieu n'impose rien à l'homme, pas même l'être. L'homme a le droit de se soustraire à la bonté même de Dieu et le dogme de l'enfer éternel n'est que l'affirmation de la liberté éternelle.

XVIII

Dieu ne précipite personne dans l'enfer. Ce sont les hommes qui peuvent y aller librement, définitivement et de leur choix.

XIX

Ceux qui sont dans l'enfer, c'est-à-dire dans les ténèbres du mal et les supplices du châtiment nécessaire, sans l'avoir absolument voulu, sont appelés à en sortir, et cet enfer n'est pour eux que le purgatoire.

XX

Le réprouvé complet, absolu et sans retour, c'est Satan qui est un être de raison, mais une hypothèse nécessaire.

XXI

Satan est le dernier mot de la création. C'est le fini, infiniment émancipé. Il a voulu être semblable à Dieu dont il est le contraire. Dieu, c'est l'hypothèse nécessaire de la raison, Satan, c'est l'hypothèse nécessaire de la déraison s'affirmant comme liberté.

XXII

Pour être immortel dans le bien, il faut s'identifier avec Dieu. Pour être immortel dans le mal, il faut s'identifier avec Satan. Tels sont les deux pôles du monde des âmes, entre ces deux pôles végètent et meurent sans souvenir les animaux et les hommes inutiles.

CHAPITRE VI

Satan

I
Satan est un type, ce n'est pas une personne réelle.

II
C'est le type opposé au type divin et c'est dans notre imagination le repoussoir nécessaire. C'est l'ombre factice qui nous rend visible la lumière infinie de Dieu.

III
Si Satan était une personne réelle, il y aurait deux Dieux et la croyance des Manichéens serait une vérité.

IV
Satan est la fiction de l'absolu dans le mal. Fiction nécessaire pour l'affirmation intégrale de la liberté humaine qui, au moyen de cet absolu fictif, semble balancer la toute-puissance même de Dieu. C'est le plus hardi, et peut-être le plus sublime des rêves de l'orgueil humain.

V
Vous serez comme *les dieux*, sachant le bien et le mal, dit le serpent allégorique de la Bible. En effet, ériger le mal en science, c'est créer un dieu du mal et si un esprit peut résister éternellement à Dieu, il y a non plus un Dieu, mais des dieux.

VI
Pour résister à l'infini, il faut une force infinie. Or, deux forces infinies opposées l'une à l'autre s'annule-

raient réciproquement. Si la résistance de Satan est possible, la puissance de Dieu n'est plus. Dieu et le diable se détruisent l'un l'autre et l'homme reste seul

VII

Il reste seul avec le fantôme de ses dieux, le sphynx hybride, le taureau ailé qui balance dans sa main d'homme un glaive dont les éclairs alternés renvoient l'imagination humaine d'une erreur à l'autre et du despotisme de la lumière au despotisme des ténèbres.

VIII

L'histoire des malheurs du monde, c'est l'époque de la lutte des dieux, lutte qui n'est pas finie, puisque le monde chrétien adore encore un Dieu du diable et redoute un diable de Dieu !

IX

L'antagonisme des puissances, c'est l'anarchie dans le dogme. Aussi, à l'Eglise qui dit : Le diable est le monde, répond avec une logique effrayante : Dieu n'est pas. Et c'est en vain que pour échapper à la raison, on inventerait la suprématie d'un Dieu qui permettrait au diable de perdre les hommes ; une telle tolérance serait une monstrueuse complicité et le Dieu complice du diable ne peut pas être.

X

Le diable dogmatique, c'est l'athéisme personnifié.

Le diable philosophique, c'est l'idéal exagéré de la liberté humaine.

Le diable réel ou physique, c'est le magnétisme du mal.

Le diable vulgaire, c'est le compère de Polichinelle.

XI

Evoquer le diable, c'est en réaliser pendant un instant la personnalité fictive.

XII
Il faut pour cela exagérer en soi-même, outre toute mesure, la perversité et la démence par les actes les plus criminels et les plus insensés.

XIII
Le résultat de cette opération est la mort de l'âme par la folie et souvent la mort même du corps foudroyé par une congestion cérébrale.

XIV
Le diable demande toujours et ne donne jamais rien.

XV
Saint Jean l'appelle la bête, parce que son essence est la bêtise humaine.

CHAPITRE VII

L'OCCULTISME

I

Liberté, égalité fraternité! dit la démocratie moderne.

Oui, liberté pour les sages, égalité entre les hommes parvenus au même degré de la hiérarchie humaine et fraternité pour les gens de bien.

Mais servitude nécessaire pour les insensés, hiérarchie pour l'humanité entière et guerre entre les égoïstes et les méchants, voilà les lois de la nature.

II

L'humanité est placée sur une échelle immense dont le pied plonge dans les ténèbres et dont le sommet se cache dans la lumière. Entre ces deux extrêmes il y a des degrés innombrables.

III

Aux hommes de lumière les paroles claires, aux hommes de ténèbres les paroles obscures et aux intermédiaires la discussion éternelle des paroles douteuses.

IV

Les hommes d'en haut sont les voyants; les hommes d'en bas sont les croyants; les hommes du milieu sont les systématiques et les douteurs.

V

Les voyants sont les sages, les croyants aveugles sont les fous, et les douteurs ne sont rien, mais ils balancent entre la sagesse et la folie, tantôt montant, tantôt descendant et ne se trouvant bien nulle part.

VI

Il faut la vérité aux sages, il faut le doute aux raisonneurs, il faut les fables aux fous et aux enfants.

Contez une fable à un sage, il y verra une vérité. Dites une vérité à un raisonneur, il la révoquera en doute, dites une vérité à un fou, il la prendra pour une fable.

VII

Il ne faut donc pas parler à tous les hommes de la même façon.

VIII

Voilà pourquoi les dogmes religieux doivent être obscurs et même absurdes en apparence.

La religion des sages, c'est la haute philosophie et la religion proprement dite remplace pour les fous la philosophie dont ils sont incapables. Quant aux douteurs, ils n'ont ni philosophie, ni religion.

Une religion dont les formules seraient raisonnables, serait inutile aux sages et méprisée par les fous.

La religion la meilleure, c'est-à-dire la mieux appropriée aux besoins de la bêtise humaine, doit donc être la plus obscure et la plus absurde de toutes et c'est ce qui fait la supériorité incontestable du catholicisme romain.

IX

Pour les sages, cette religion sublime est une sœur de Charité. Pour les fous, c'est l'infaillibilité personnelle du Pape. Pour les raisonneurs, c'est une bêtise... plus forte cependant et plus victorieuse que leur prétendue raison.

X

On ne donne pas de la religion aux fous avec des raisons et des vertus; il leur faut des formules inintelligibles et des pratiques minutieuses qui les occupent sans qu'ils aient besoin de penser. On ne peut même leur faire accepter la raison que sous le masque du mystère et de la folie. Si Moyse n'eût sagement démontré aux Juifs que la propreté est nécessaire à la santé, les Juifs seraient restés couverts de vermine et de lèpre. Au lieu de cela, il leur a prescrit des ablutions légales à certaines heures et avec certaines cérémonies. Il leur a laissé croire que Dieu s'occupait de leurs vêtements et de leur vaisselle. Il faut purifier les vases, briser les pots de terre qui ont été imprégnés d'un air vicié, ou qui ont trop longtemps servi, ne pas s'approcher d'une femme pendant ses infirmités régulières, etc., etc. Tout cela uniquement parce que Dieu l'ordonne et que telles doivent être les pratiques de son peuple privilégié. Les rabbins ont encore enchéri sur Moyse et ont donné aux observances légales un caractère de tyrannie et d'absurdité qui est la force même du Judaïsme et qui l'a fait se conserver à travers les âges malgré les persécutions du fanatisme et les progrès de la philosophie. Voilà ce que devraient comprendre les libres penseurs.

XI

Quand le pape Pie IX, pour avoir essayé de concilier la foi et le progrès, la religion et la liberté, se vit chassé de sa ville et de son siège par les compagnons de Garibaldi et les agitateurs de Mazzini, il vit qu'il avait fait fausse route. Il comprit que si l'autorité ecclésiastique faiblissait, c'est qu'elle manquait d'absolutisme, que si la foi se relâchait, c'est qu'elle avait besoin de plus profonds mystères et de plus inextricables absurdités. Alors, il canonisa saint Labre, proclama l'Immaculée Conception et publia le syllabus. Le génie sacerdotal reconnut alors en lui son vrai maître et les évêques rassemblés à Rome furent disposés à le proclamer infaillible.

XII

Ce qu'il faut à l'Eglise, ce ne sont pas des hommes de génie, ce sont des directeurs habiles et surtout des saints, c'est-à-dire des magnétiseurs enthousiastes et observants. Les hommes de génie n'ont jamais été des catholiques puisque Bossuet était gallican, Fénelon quiétiste, Pascal janséniste, Chateaubriand romantique, Lamennais socialiste et maintenant encore ceux qui troublent l'Eglise sont des hommes de talent, Mgr Dupanloup, l'évêque Strossmayer, le Père Gratry, le Père Hyacinthe, tous ces hommes remarquables qui ont le génie de leur siècle et n'ont pas celui du sacerdoce.

XIII

Les opinions humaines cherchent vainement à ébranler ce que la nature conserve.

XIV

On parle de religion naturelle ; mais la plus naturelle des religions, c'est la plus absurde, puisqu'il est très naturel que les hommes tombent dans l'absurde quand ils veulent formuler l'inconnu.

XV

Parlez de sagesse à des enfants, ils feront la mine et penseront à Croquemitaine, mais racontez-leur Peau d'Ane et vous verrez comme il vous écouteront.

XVI

Vous dites que les enfants grandiront. Sans doute, mais il y aura alors d'autres enfants.

XVII

Ne raisonnez pas sur les couleurs avec les aveugles, mais conduisez-les et ne fermez pas les yeux pour vous laisser conduire par eux.

Les oracles qu'on reçoit les yeux fermés sont ceux des rêves ou du mensonge.

Chez les Hébreux, quand on voulait faire parler Dieu, on tirait au sort, procédé simple, mais naïf.

Chez les chrétiens, on a mis d'abord les réponses de Dieu à la majorité des voix dans les conciles sans trop réfléchir au petit nombre des élus et au grand nombre des fous. Puis on en est venu à faire dépendre l'oracle de Dieu du bon plaisir du pape.

Le concile de Nicée a décidé que le fils de Dieu est consubstantiel à son père, lequel est, suivant l'expression de l'Evangile, supersubstantiel, c'est-à-dire au-dessus de toute substance.

Le concile d'Ephèse a déclaré que Dieu l'Eternel a une femme pour mère.

Le pape Pie IX a voulu que cette femme ait été conçue sans péché, ce qui fait dépendre le péché originel du caprice de Dieu, puisqu'il peut en exempter qui bon lui semble.

Mettre aux voix une formule obscure ou contradictoire, n'est-ce pas encore tirer au sort pour obtenir un oracle ?

Autant vaut la décision du pape que celle d'un concile, quand il s'agit de la substance de Dieu ou de l'immaculation de la Vierge.

Et s'il s'agit de savoir *utrum chimœra in vacuum bombinans possit comedere secundas intentiones*, si le pape dit oui, je ne me sentirai pas de force à dire non, et s'il dit non, rien ne me prouvera que soit oui qu'il fallait dire.

Mais que pour de pareilles questions les princes et les peuples puissent s'armer les uns contre les autres, c'est ce qu'il ne faudra plus souffrir dès que les hommes seront arrivés à avoir un peu de raison.

XVIII

L'infini étant une absurdité qui s'affirme invinciblement

devant la science, il faut des formules absurdes pour entretenir chez l'homme qui ne raisonne pas, le grand rêve de l'infini.

XIX

Etant donné une quantité d'hommes sérieux qui tiennent absolument à savoir s'il faut appeler blanche ou noire, ronde ou carrée une entité abstraite impalpable et invisible, lequel vaut mieux, tirer au sort, mettre la chose aux voix ou s'en rapporter au président de l'assemblée en supposant que ce qu'il dira sera incontestable. Les trois procédés sont fous mais le dernier est encore le moins déraisonnable; car on peut piper les dés, on peut acheter des voix, mais on est sûr que le pape agira toujours dans son intérêt qui est celui du catholicisme romain.

XX

En cherchant Dieu dans l'absurde, on trouve le diable, mais en cherchant le diable, on ne trouve pas la raison. Analysez le Dieu et le diable du vulgaire, vous trouverez dans le Dieu l'idéal poétisé du diable et dans le diable la caricature de Dieu.

CHAPITRE VIII

La Foi

I

Une femme un jour parut sur une place d'Alexandrie. D'une main elle tenait une torche allumée et de l'autre une cruche d'eau. Avec cette torche, s'écrie-t-elle je veux incendier le ciel ; avec cette eau je veux éteindre l'enfer pour dissiper tous les fantômes qui me cachent mon Dieu et ne plus croire qu'en lui seul.

II

Nous ne pouvons pas comprendre Dieu. Nous pouvons à peine savoir ce que nous disons lorsque nous bégayons son nom ; mais nous sentons en nous un besoin impérieux, invincible, absolu de croire en lui et de l'aimer.

III

Peut-on aimer sérieusement, peut-on aimer longtemps ce qui n'est pas ? Eh bien l'amour de Dieu est le seul qui dure autant que la vie et qui se sent assez puissant et assez croyant pour créer la vie vie éternelle !

IV

Oh ! oui, il est, il est bien plus évidemment que nous ne sommes car nous l'aimons plus que la vie. Il est meilleur que toutes les bontés humaines, car nous l'aimons mieux que nos pères et nos mères. Il est plus beau que toutes les beautés mortelles car nous l'aimons plus que nos femmes et nos filles !

V

Nos âmes ont faim de divinité, elles ont soif de l'infini et nous sentons nos cœurs grandir jusqu'à l'immensité dans le rêve du sacrifice éternel.

VI

Tout est de son être, tout vit de sa vie. Tout rayonne de sa lumière; tout rit et chante de sa joie. Il est en nous, il est autour de nous, il nous touche, il nous parle, il pleure dans nos larmes, il nous fortifie dans nos douleurs, il oublie nos erreurs et se souvient de nos bons désirs; tout ce qu'on aime de beau, tout ce qu'on désire de bien, tout ce qu'on admire de grand, tout ce qu'on exalte de sublime, c'est lui, c'est lui, c'est lui !

Il est dans tout; tout entier partout sans qu'il puisse être divisé ou contenu. Il n'est rien de ce que nous pouvons voir, toucher, montrer, mesurer, définir. Il est tout ce que nous pouvons désirer, admirer, vénérer, aimer. Il n'est pas l'être, il est le principe de l'être; il n'est pas la vie, il est le père de la vie; il est plus vrai que la vérité; plus immense que l'immensité, meilleur que la bonté, plus beau que la beauté. Toute substance vient de lui mais lui-même n'a pas de substance. En lui tout est loi sans être contrainte, tout est liberté sans antinomie et sans antagonisme; sa volonté est immuable et n'est pas enchaînée; il peut tout ce qu'il veut et ne peut vouloir que le bien.

C'est l'affirmation éternelle du vrai, du beau, du bien et du juste. C'est l'inaltérable sérénité d'un soleil sans déclin. Jamais il n'interrompt le cours de ses lois; il n'agit sur l'homme que par la nature; il ne s'irrite ni ne s'apaise et nous ne le prions que pour nous apprendre et nous exercer à désirer le bien !

VII

Que peut-on dire lorsqu'on essaie de parler de lui sinon des incohérences et des absurdités? N'est-il pas l'infini indivisible, le tout sans parties, l'existant sans substance?.... Dogmes humains, paroles de délire, soyez oubliés, Dieu serait fini s'il pouvait être défini; ne parlons plus de lui, vivons à jamais dans son amour!

Symboles, images, allégories, légendes, vous êtes les rêves de son ombre... l'amour est la réalité de sa lumière!

VIII

Aimons la vérité, aimons la raison, aimons la justice et nous aimerons Dieu et nous lui rendrons le vrai culte qu'il demande. Aimons tout ce qu'il a créé, tout ce qu'il anime, tout ce qu'il aime et nous le sentirons vivre en nous!

IX

Communions à lui, communions les uns aux autres, communions! Voilà le dernier mot de la foi universelle! Communions, dis-je, et non plus excommunications!

X

Celui qui excommunie s'excommunie. Celui qui maudit se maudit. Celui qui réprouve se réprouve. La damnation seule est damnée!

XI

Nous avons le Coran disent les partisans de l'Islamisme; à quoi bon le Coran, disent les chrétiens puisque nous avons l'Evangile? A quoi bon l'Evangile, disent les Hébreux; nous avons le Sepher Thora! et moi je dis : à quoi bon le Sepher Thora puisque nous avons Dieu?

Mais ces livres sacrés sont comme les voiles de diverses couleurs qui étaient superposés sur le tabernacle.

Vive Dieu dans le Coran! Vive Dieu dans l'Evangile! Vive Dieu dans le Sepher Thora!

Mais par-dessus tout, vive Dieu dans le cœur des justes! Vive Dieu dans la justice et dans la charité! Vive Dieu dans la solidarité et la fraternité universelles!

XII

Aimer Dieu, c'est voir Dieu. Dieu n'est visible que pour l'amour et cet amour est la récompense des cœurs purs. On le sent éternel, on le sent infini. On ne définit rien, on ne cherche rien, on ne doute de rien, on ne craint rien, on ne désire rien, on l'aime!

XIII

L'acquiescement parfait à la loi, le calme inaltérable dans la contemplation, de ce qui est, l'espérance désintéressée de ce qui doit être, la certitude du bien et le repos dans l'absolu, voilà le Nirvana de Çakia-Mouni si mal interprété par ceux qui veulent y voir l'anéantissement de l'initiative humaine, voilà la perfection de l'homme.

XIV

L'amour divin est le père des vrais miracles : il transforme la nature, il donne à la douleur un attrait plus grand que celui du plaisir; il monte et grandit sur les obstacles; il crée un monde fermé à la science et à la philosophie; il est la splendeur derrière le voile; il est la réalité qui vous envahit tout à coup et qui vous fixe dans une conviction plus inébranlable que toutes les certitudes humaines.

XV

Sans l'amour divin on ne peut aimer les hommes : les hommes sans père n'ont pas de frères. L'homme est un monstre pour l'homme sans Dieu.

XVI

Avec l'amour divin l'éternité bienheureuse commence ;

nous sommes dans la gloire, nous sommes dans le ciel, nous demeurons dans l'infini !

XVII

Qu'il me couvre de la pourpre de Salomon ou des ulcères de Job, je lui dirai : je t'aime ! S'il me dit : je te chasse de ma présence je répondrai : Je t'aime et ta présence me suivra. S'il dit : Je te réprouve, je répondrai : je te choisis et s'il veut torturer, mon amour prendra des ailes pour s'élever plus haut que le nuage et marcher sur la tempête.

XVIII

C'est que je ne crois pas au Dieu des hommes, je crois au Dieu de Dieu même ! Je crois à cet amour surnaturel qui est la toute-puissance de Dieu vivant à jamais dans mon cœur !

XIX

Je le bénirai dans les villes et dans les campagnes, dans les déserts et sur les mers ! Je le prierai dans les églises au bruit mystérieux des orgues, je le proclamerai dans les synagogues aux éclats du Buccin, je me prosternerai devant lui dans les mosquées à l'appel monotone du Muezzin.. Mais mieux que tout cela et suivant la parole du grand maître, je me retirerai dans ma chambre et je le prierai dans mon cœur !

XX

Je me retirerai dans une solitude mais je n'y resterai pas enfermé. Dieu est-il donc avec moi seul ? N'est-il pas vivant dans la nature entière ? La beauté ne s'épanouit-elle pas dans les fleurs, dans les enfants et dans les femmes ? Ne sent-on pas au milieu des faiblesses et des agitations des hommes la force qui les domine et qui les mène ? Je ne fuirai donc pas les hommes puisque leurs vanités m'ennuient ; je serais égoïste et je me tromperais en disant que j'aime Dieu.

J'aimerai tes enfants, ô mon père, surtout lorsqu'ils seront malades et sembleront délaissés de toi ; car alors je penserai que c'est à moi que tu les confies.

Je pleurerai avec ceux qui pleurent, je rirai avec ceux qui rient, je chanterai avec ceux qui chantent. Les caresses d'un enfant me feront tressaillir de joie et le souvenir d'une femme me fera rêver à ton amour.

Car il n'y a point de maudits ni de bâtards dans ta famille. Tu as tout créé dans ta sagesse et tu conduiras tout à bien par ta bonté.

Tout amour vient de toi et retourne à toi. La femme est la ménagère de ta grâce et le vin qui réjouit le cœur de l'homme est l'auxiliaire de ton esprit.

**

Loin de moi ceux qui te calomnient et qui donnent ton nom à d'exécrables images. Qu'on oublie à jamais ce cauchemar de l'antique barbarie, ce bourreau de ses créatures qui les entasse dans un immense pourrissoir où il les conserves vivantes en les *salant avec du feu !* Qu'on méprise à jamais ce maître capricieux comme une courtisane romaine qui choisit les uns et repousse les autres, qui s'irrite à jamais pour un oubli, qui se sacrifie à soi-même son propre fils en faveur de ceux contre lesquels il ne lui plaît pas de s'irriter et qui n'en devient que plus impitoyable pour tous les autres !

Vieilles idoles, vieilles erreurs, nuages difformes de la nuit, des anciens âges, le soleil se lève, ses rayons vous percent de tous côtés comme des flèches d'or. Repliez-vous du côté de la nuit, nuage d'hiver, le printemps souffle, dissipez-vous, passez, passez !

XXI

L'homme n'est pas, il n'a jamais été, il ne sera jamais infaillible, quelles que soient ses prétentions et ses dignités sacerdotales. Il n'y a d'infaillible que l'amour suprême uni à l'absolue raison.

XXII

La raison sans amour manque de justesse dans l'ordre moral parce qu'elle manque de justice.

L'amour sans raison conduit fatalement à la folie. Ayons donc foi en l'amour inséparable de la raison.

XXIII

Avec cette foi, si vous savez, si vous voulez, si vous osez et si vous avez l'art de vous taire, vous serez plus forts que le monde et le ciel et la terre accompliront vos volontés.

Vous ferez suivant la promesse du Christ, tous les miracles qu'il a faits et même de plus grands encore.

Le mal disparaîtra devant vous et la douleur se changera en consolations divines.

Vous sentirez en vous la vie éternelle et vous n'appréhenderez plus la mort.

Rien ne vous manquera, vous n'aurez plus de déception dans la vie.

Ceux qui voudront vous nuire se nuiront à eux-mêmes et vous feront du bien.

Vous aurez la richesse pour auxiliaire, la pauvreté pour sauvegarde et pour amie; mais la hideuse misère n'approchera jamais de vous.

Les esprits du ciel vous accompagneront et vous serviront. La Providence accomplira et préviendra même tous vos désirs. Votre souffle purifiera l'air, votre parole répandra la joie dans les âmes; votre contact rendra la santé aux malades; si vous tombez vous ne vous blesserez point et si l'on vient vous faire du mal, le mal retournera sur celui qui l'aura voulu.

CHAPITRE IX

LA SCIENCE

I

L'absolu indéfini c'est l'être et l'absolu défini c'est le savoir.

L'être inconscient ne s'affirme pas, il est affirmé par la conscience d'un autre être.

L'être qui s'affirme c'est l'être qui sait. Le savoir absolu est identique à l'absolue entité de l'être.

L'être moral est proportionnel au savoir. Plus on sait, plus on est et plus on est plus on mérite et plus on doit.

II

La science est le point fixe autour duquel l'amour c'est-à-dire la foi doit faire circuler la raison.

III

La science est le principe de la sagesse; elle s'élève du fait à la loi et ne connaît rien au-dessus; mais elle s'incline alors devant la foi qui voyant combien la loi est bonne en conclut qu'elle est voulue par une volonté sage.

IV

La foi qui précède la science ne peut être que provisoire à moins qu'elle ne soit insensée.

V

Il faut avoir foi dans la science pour arriver à la science de la foi.

VI

On parle de morale indépendante. Cette épithète n'est pas exacte. La morale dépend de la loi. Or c'est la science qui nous fait connaître la loi et qui nous donne des raisons de croire au principe vivant et vivifiant de la loi.

VII

La science affirme l'infini, brise toutes les chaînes et renverse toutes les prisons de la pensée

Elle abaisse le ciel jusqu'à nous et ouvre à nos âmes des horizons illimités; elle analyse les soleils; elle voit partout fourmiller les astres sur nos têtes, à nos côtés et sous nos pieds; elle étend partout la lumière et la vie et ne laisse plus de place ni pour la mort, ni pour l'enfer.

VIII

La science dissipe les terreurs de l'inconnu, nous délivre de nos préjugés, donne une règle certaine à nos désirs et une carrière infinie à notre activité stimulée par de légitimes espérances.

IX

Creuser la science c'est approfondir le désespoir, nous disent le croyant aveugle et le sceptique découragé, et je leur réponds : non, mais en approfondissant la science on découvre la mine d'or des espérances légitimes.

X

C'est la science qui est l'instrument du progrès et le progrès c'est la conquête de la vie et du bonheur.

XI

Que m'importent les découragements de Salomon et d'Agrippa? Où ils se sont arrêtés, je me remettrai en marche; où ils se sont assis la tête dans leurs mains au bord d'une fosse entr'ouverte, je me lèverai plein d'enthousiasme et je franchirai le tombeau.

XII

Le tombeau! Cette porte qui en s'ouvrant de notre côté ne nous laisse rien voir de ce qu'il y a au delà, cette porte attire mon désir de l'inconnu. Là, je le sens, là ne s'arrête pas la science; c'est le seuil du sanctuaire où se cache l'absolu; c'est l'entrée d'une science nouvelle.

XIII

Savoir c'est avoir, savoir c'est être, savoir c'est vivre! Croire, espérer, aimer, qu'est-ce que cela si l'on ne sait ni ce qu'on croit, ni ce qu'on espère, ni ce qu'on aime?

XIV

Si l'objet de la foi n'est pas le *postulatum* suprême de la science, ce n'est rien.

XV

La science veut la religion parce qu'elle sait que la religion est nécessaire.

Elle veut une religion efficace c'est-à-dire créatrice et réalisatrice de la foi.

Elle veut une religion hiérarchique parce que la hiérarchie est la loi universelle de la nature.

Elle veut une religion monarchique parce qu'il ne peut y avoir qu'un Dieu et que la monarchie réglée par les lois est le gouvernement le plus simple, le plus fort et le plus parfait.

La science veut donc la religion telle qu'elle est préparée dans l'Eglise catholique, apostolique et jusqu'à présent romaine.

Les pasteurs ignorants de cetteEglise ont beau vouloir marcher à reculons, la terre tourne quoi qu'en aient dit les juges de Galilée et elle les emporte en avant.

XVI

Pendant dix-huit siècles et demi ils se sont déclarés infaillibles, d'une infaillibilité divine, miraculeuse, indéfectible, et cette puissance que la raison absolue peut seule avoir, ils viennent de l'abdiquer spontanément, librement. Ils ont fait cela, dis-je, eux et non par la révélation; ils ont fait cela, après délibération, discussion et à la majorité des voix comme se font les lois humaines. Maintenant, c'est le pape seul qui est infaillible de leur infaillibilité à eux et non plus de celle de Dieu. Le miracle a cessé, la convention disciplinaire lui succède; n'est-ce pas là cet immense événement dans l'ordre religieux vers lequel, suivant Joseph de Maistre, nous marchions avec une vitesse accélérée? Vous voyez bien qu'elle aussi elle marche cette Eglise soi-disant retardataire! Vive donc la nouvelle infaillibilité du souverain pontife! Est-ce que le dogme n'est pas constitué? Est-ce que les bases de la foi peuvent être remises en question? et ne suffit-il pas pour imposer silence aux théologâtres disputeurs de la voix du pasteur suprême? Vienne un pape homme de science et de génie et par son infaillibilité personnelle, il pourra régénérer l'Eglise, supprimer les abus, ôter toute raison d'être au protestantisme, réunir tous les croyants, abolir tous les anathèmes, bénir même les Boudhistes et les musulmans, ce qui serait à jamais impossible s'il avait besoin pour cela de l'assentiment d'un concile.

XVII

Tout dogme qui devient nécessaire doit par le fait même de sa nécessité être considéré comme révélé de Dieu puisque Dieu c'est la Providence, puisque la loi religieuse est faite pour l'homme et non pas l'homme pour cette loi, puisque toute révélation vient de l'inspiration des hommes qui croient et font croire aux autres ce que la piété leur suggère. Car c'est ainsi que la science peut comprendre et expliquer la foi.

XVIII

La tourbe des demi-savants et la vile multitude des ignorants incrédules pensent qu'on détruit la religion par la science. C'est le contraire qui est vrai. La religion tient à l'essence même de l'âme humaine et la vraie science le voit bien. La science ne renverse que les idoles ridicules et encore se garde-t-elle bien de les briser; elle les conserve pour ses collections et ses musées.

XIX

L'art est la fleur de l'arbre de la science. Par le génie esthétique se conserve le culte de l'idéal de la beauté. Le beau est la splendeur du vrai, a dit Platon, et la science aussi a ses beautés et ses splendeurs. Toute doctrine qui amoindrit l'idéal est une doctrine fausse. Vous voulez combattre mes croyances, montrez m'en de plus grandes et de plus belles ! Votre matière travaillée par des forces fatales est épouvantable. Votre univers machine aveugle est plus laid que Polyphème qui du moins avait un œil; votre humanité qui s'anéantit éternellement est horrible. Je vois l'être, je vois la lumière, je vois l'ordre, je vois la beauté, je vois que tout cela est vrai et je ne crois pas à vos blasphèmes !

XX

La science de la religion conduit à la synthèse dogmatique, véritable catholicité du monde. L'unité des croyances et des symboles apparaîtra alors rayonnante chez tous les peuples et dans tous les âges et la similitude de tous les dogmes des peuples anciens et modernes amènera les savants et les croyants réunis à proclamer la grande orthodoxie humaine.

Et il se trouvera un grand pontife universel qui dira : il en est ainsi !

Et toutes les intelligences de l'univers répondront : *Amen!*

XXI

La fausse science comme la fausse religion a ses superstitions et son fanatisme. Je ne reconnais pas pour des savants ceux qui ont peur des phénomènes lorsqu'ils ne peuvent pas encore les expliquer et qui nient tout ce qu'ils ne comprennent pas ; je ne reconnais pas pour des savants ceux qui n'osent pas parler autrement que les académies officielles. Les sciences occultes sont le protestantisme de cette fausse orthodoxie. Ce sont les sciences excommuniées et non jugées par les usurpateurs d'une fausse infaillibilité.

XXII

L'homme infaillible est celui qui affirme ce qui lui est démontré, admet l'hypothèse nécessaire, examine les hypothèses probables, tolère les hypothèses douteuses et rejette les hypothèses absurdes ; celui qui règle sa croyance d'après des lois et non suivant des opinions ; celui qui tire toujours le bien du mal, pardonne, console, ne s'irrite jamais et ne désire rien avec emportement. De celui-là on peut dire ce qu'on a dit de Dieu même : il est patient parce qu'il est éternel.

XXIII

La science ne voit que des phénomènes où l'ignorance voit des miracles. Elle étudie les merveilles de la nature et les trouve plus grandes que les prétendus prodiges. Elle reconnaît les lois suprêmes et n'admet point de caprices divins. Elle sait que dans l'union la matière obéit à la force, la force à la loi et que la loi est immuable comme Dieu.

XXIV

La science ne peut rien enseigner de contraire à la foi. Car si au nom de la foi quelqu'un contredit la démonstration de la science, celui-là n'a point la foi; il a la croyance aveugle et opiniâtre des insensés.

XXV

L'Eglise ne peut rien décider qui soit contraire à la science et par conséquent à la raison. Car son jugement alors serait celui d'un tribunal incompétent.

XXVI

Les races humaines se succèdent en se perfectionnant, mais chacune d'elles a son enfance, sa virilité et son déclin comme les empires et comme les hommes. Les races antérieures à la nôtre ont vieilli, se sont énervées et sont mortes; c'est ce qui explique le dogme du péché originel et de la déchéance adamique.

Dieu se manifeste dans la nature, mais il ne nous a jamais parlé que par la bouche des hommes et c'est ce que veut dire dans l'Inde et dans le Christianisme le dogme de l'Incarnation.

Il y a solidarité entre les hommes et le riche doit payer pour les pauvres; voilà le dogme de la Rédemption.

Nous concevons Dieu comme puissance, comme sagesse et comme amour; voilà le dogme de la Trinité.

L'homme a son libre arbitre; mais ce libre arbitre est toujours influencé par un attrait. L'attrait du mal est la tentation du démon. Aussi, les mérites de l'homme viennent de Dieu et ses vices d'une faiblesse originelle dont Dieu se fait le répondant. Voilà toute l'économie du salut et les garanties de l'espérance.

XXVII

La foi ne peut juger la science, mais la science juge la foi.

XXVIII

Quand l'Eglise reviendra à la science et quand la science reviendra à la foi le monde entier sera catholique.

XXIX

La religion de l'avenir ne sera plus le catholicisme, ce sera la catholicité. Adoration universelle de Dieu dans les merveilles de la science ; amour de Dieu vivant dans l'humanité et synthèse de lumière expliquant par la divergence des rayons les nuances de tous les cultes.

XXX

La foi séparée de la science n'a produit et ne pouvait produire que de fausses vertus et de vrais crimes ; ce qui sauvera le monde c'est la science justifiant la foi.

XXXI

Le matérialisme moderne n'est qu'une représaille passionnée contre la foi qui nie la science. C'est l'absurde négatif opposé à l'absurde affirmatif ; il a sa raison d'être et il aura son temps.

XXXI

La vérité religieuse ressort de tous les symboles réunis et corrigés ou expliqués l'un par l'autre. Le célibat du Christ épure les amours de Krischna. La Diane Panthée au triple rang de mamelles explique la maternité de la Vierge. De la communion émane le vrai socialisme ; la croix ansée d'Olières est analogue à la croix du rédempteur. Le paradis de Mahomet est sorti du cantique des cantiques et la notion de Dieu la plus profonde se trouve dans le symbole de Maïmonides.

XXXIII

La Bible nous dit que ce qui a perdu l'homme, c'est la science du bien et du mal. En effet, une pareille science s'annule d'elle-même en affirmant simultanément les deux contraires les plus inconciliables que puisse concevoir la pensée humaine. C'est comme si on disait : la science de ce qui est et de ce qui n'est pas, la science de la vérité et de l'erreur. Le néant et l'erreur peuvent-ils être l'objet d'une science? Est-il une science de la maladresse et de la sottise? La science du mal, c'est la création du diable, c'est l'affirmation de l'enfer éternel, c'est la négation de tout ce que peut affirmer la science : c'est l'ignorance érigée en principe, c'est la royauté de l'inertie.

XXXIV
Les théologiens et les casuistes sont les Normands du pommier d'Eve et en ont semé les pépins; ils l'ont replanté, greffé et multiplié, ils en récoltent les fruits et en font du cidre qu'ils laissent vieillir dans des barriques à fermoir qu'on appelle des in-folio.

XXXV
La seule vraie science qui est la science du bien exclut l'ignorance qui fait commettre le mal. Voilà le pommier d'Eden singulièrement émondé.

XXXVI
L'ignorance produit la bêtise et la bêtise se transmet de père en fils avec une tradition de préjugés qu'on appelle sottement la foi de nos pères. Voilà le péché originel.

XXXVII
Offenser Dieu, c'est se heurter contre la raison suprême. Or, la raison suprême brise sans colère et sans pitié tout ce qui s'oppose à elle; car elle fait la loi et elle est elle-même la loi.

XXXVIII
La loi éternelle ne pardonne jamais; il faut l'observer protectrice et conservatrice ou la subir rigoureuse et

donnant la mort, non pas à l'être qui ne peut devenir néant, mais au mal qui ne doit pas être.

XXXIX

La loi de destruction s'applique seulement au mal; le bien est éternel. La nature porte les imparfaits à s'entre-déchirer. La guerre est le résultat équilibrant de l'égoïsme féroce des amours des hommes et des nations! Si les méchants détruisent les bons, c'est la faute des bons qui n'ont pas encore su se soutenir pour régner.

XL

Si, jusqu'à présent dans le monde, les méchants ont paru plus forts que les bons, c'est que les méchants savent faire le mal et que les bons ne savent pas faire le bien.

XLI

C'est que les méchants observent et agissent tandis que les bons se contentent de croire et de prier. Ce sont des dupes qui se prennent pour des martyrs.

ILII

La vraie religion est inséparable de la vraie science. Il faut savoir pour croire avec raison.

CHAPITRE X

L'ACTION

I
L'action est la résultante équilibrée du mouvement dirigé par l'intelligence.

II
Le mouvement est la manifestation de la vie. La vie est la révélation phénoménale de l'esprit.

III
L'esprit, c'est la direction de la force; la force sans direction n'arriverait jamais à l'harmonie créatrice.

IV
L'harmonie, c'est la balance ingénieuse des nombres. C'est la musique de la nature, soit qu'on l'entende, soit qu'on ne l'entende pas.

V
Les sensations sont le résultat des vibrations et les vibrations composent l'harmonie des sons, des impressions et des nuances.

VI
Toute action est une force.

VII
L'action harmonieuse se répète en se multipliant; l'action de dissonance produit une réaction équilibrante.

VIII
Voulez-vous qu'une action violente se produise à droite, agissez violemment à gauche, ceci dit au figuré.

IX

La création éternelle est l'action de Dieu et de la nature. Or dans la nature tout agit et l'inaction est impossible. Si le nageur se lasse d'agir, le fleuve agit et le submerge.

X

La mort apparente, c'est une action particulière qui cesse et qui disparaît dans l'action universelle.

XI

La mort, c'est l'océan de la vie dans lequel retombent tour à tour les gouttes d'eau devenues plus lourdes que le nuage. Puis le soleil fera relever un nouveau nuage sur la mer et les gouttes d'eau flotteront encore dans le ciel avec leur robe de vapeur.

XII

Devons-nous donc mourir mille fois? Non! Pas même une fois, car la mort est la chimère des vivants qui ont peur d'elle. La mort n'existe que dans la crainte de la mort et cette crainte, nous l'oublions, quand nous voyons que la mort n'est pas. L'Eternité ne se souvient que de la vie.

XIII

Agir contre l'action universelle, c'est vouloir se briser. Agir avec l'action universelle, c'est exercer la puissance divine; ici se trouve suffisamment indiqué le grand arcane de la haute magie.

XIV

Les actions de l'homme modifient l'homme. Nous sommes tous les fils de nos œuvres.

XV

La substance inerte nommée matière est le point d'appui du levier moral; elle répand et reflète en quelque manière l'action qu'elle subit, elle s'imprègne de la volonté de l'homme et peut devenir par l'influence magnétique, soit un médicament, soit un poison.

XVI
Le vin versé par les sages réjouit et fortifie ; le vin des insensés enivre et donne le vertige.

XVII
La matière est ce que les sages veulent qu'elle soit. Ainsi s'explique le mystère dans la transsubstantiation.

XVIII
La foi qui transporte les montagnes n'est autre chose que la coalition des volontés actives pour la réalisation d'un rêve ou d'une utopie.

XIX
La volonté collective mise en action donne toujours un résultat proportionnel à la puissance des forces réunies ; mais lorsqu'elle agit en faveur d'un rêve, ce qu'elle produit est toujours une réalité contraire à la formule du rêve. L'idéal de la rédemption par le sacrifice a produit l'inquisition ; l'idéal de l'émancipation des hommes n'a produit lors de la plus grande exaltation de ses croyants que le régime de la terreur : parce que les chrétiens et les révolutionnaires idolâtres les uns du sacrifice, les autres de la liberté, croyaient faussement qu'on peut les imposer à ceux qui n'en sont pas capables, et, surtout ne comprenaient pas qu'il n'est pas de sacrifice véritable sans liberté, ni de liberté véritable sans sacrifices.

XX
Les grandes religions produisent de grands peuples parce qu'elles forment de grandes forces collectives et inspirent de grandes actions.

XXI
Il n'y a point de héros dans la solitude ; des actes su-

blimes sont toujours déterminés par l'enthousiasme de plusieurs. Les grands crimes sont également le résultat d'une perversité collective. Le diable dans l'Ecriture s'appelle légion et le bien triomphant s'appelle le dieu des armées.

XXII

Le feu de l'enfer, c'est l'activité dévorante du bien qui consume éternellement le mal.

Jésus-Christ l'a dit dans un de ces passages de l'Evangile que l'Eglise ne peut jamais expliquer au commun des fidèles.

Il parle des réprouvés et il ajoute : « Le feu les salera « comme on met du sel sur la tête des victimes. Le sel « c'est le bien. S'il venait à perdre sa force, avec quoi « le salerait-on ? Conservez le sel en vous-mêmes ».

On donne de ce passage au vulgaire cette explication abominable : que le feu conservera les damnés à l'éternité de leur supplice comme le sel conserve les chairs mortes. Il faut bien faire peur aux incrédules et aux méchants.

XXIII

Les faibles parlent et n'agissent pas ; les forts agissent et se taisent.

XXIV

On a parlé d'une épée dont la poignée est à Rome et dont la pointe se fait sentir partout. Si cette épée existe, celui qui l'a forgée était un habile armurier ; tâchez d'en faire une pareille.

XXV

Weishaupt l'a essayé, mais son œuvre n'a pas été durable, parce que ses disciples ne disaient ni la messe, ni le bréviaire, ni le chapelet tous les jours.

XXVI
La magie et la religion sont une seule et même chose. On appelle religion la magie autorisée et magie une religion prohibée.

XXVII
Qu'un chrétien cesse de pratiquer, il ne croira pas longtemps ; mais si un incrédule commence par pratiquer, bientôt il croira, car la volonté ne peut pas longtemps être séparée des actes.

XXVIII
La religion et la magie font également des miracles ; mais le Dieu de l'une est le diable de l'autre et réciproquement.

XXIX
Mettez du blanc sur du noir, le blanc deviendra une splendeur ; mettez du noir sur du blanc, le noir deviendra une profondeur. Mêlez ensemble le blanc et le noir, vous obtiendrez une nuance terne et désagréable qu'on appelle le gris.

XXX
Dans le monde divin, il y a des anges blancs et des anges noirs, mais il n'y a pas d'anges gris.

Dans le monde intellectuel, il y a l'absolu affirmatif et l'absolu négatif, mais le doute n'existe pas.

Dans le monde moral, il y a le bien et le mal, mais il n'y a pas de milieu.

Dans le monde de l'action, toute activité est la vie, mais l'inaction est la mort.

Jésus accepte le chaud et le froid, mais il vomit ce qui est tiède.

CHAPITRE XI

La Force et ses auxiliaires

I

Toute force veut une impulsion, nécessite une action et s'appuie sur une résistance.

II

Toute force domine l'inertie, toute inertie subit la force.

III

Toute action répétée détermine une force; la force continue, quelque minime qu'elle soit, triomphe de toute inertie.

IV

Les actes les plus indifférents en apparence, dirigés par une intention et répétés avec persistance font triompher cette intention. C'est pour cela que toutes les grandes religions ont multiplié leurs pratiques et attachent la plus grande importance à ces pratiques.

Un coup de pioche asséné par Hercule ne percerait pas la masse d'un rocher, mais une goutte d'eau qui tombe à la même place, d'heure en heure, finit par trouer une voûte immense de pierre.

V

Les pratiques superstitieuses sont aussi efficaces que les pratiques religieuses, mais elles présentent plus de danger parce qu'elles ne sont pas réglées par l'autorité légitime.

VI

En faisant régulièrement ce qu'il appelait lui-même ses exercices, saint Ignace a fini par voir distinctement la vierge. Dans la caverne de Maurèse, en pratiquant les rites du taurobole, l'empereur Julien a vu en personne, les dieux de l'ancien Olympe, et, en s'assujettissant aux cérémonies du grimoire, les sorciers obstinés finissent nécessairement par voir le diable.

VII
Toute force veut une faiblesse, s'exerce sur une faiblesse et triomphe par une faiblesse.

VIII
La plus grande des faiblesses humaines, c'est l'amour, et c'est pour lui que la force humaine a fait ses plus grands miracles.

IX
L'enthousiasme décuple les forces de l'âme et l'enthousiasme est presque toujours excité par une chimère.

X
Moi qui écris ces lignes, je me sacrifie depuis quarante ans à des travaux ingrats, parce que je crois à leur utilité, comme si tout ce que je pense et tout ce que j'écris n'avait pas été pensé et écrit inutilement par d'autres.

XI
Si l'homme n'avait pas un grain de folie, il ne ferait usage de sa raison que pour s'éloigner de toutes les peines et se défier de tous les plaisirs; mais alors, il ne vivrait pas; il végéterait enfermé dans sa carapace comme un mollusque.

XII
La plus grande sagesse de l'homme, c'est de bien choisir sa folie.

XIII
Salomon dit : Sur toutes les femmes, je n'en ai pas trouvé une. A cela la froide raison répondrait : prenons-

les toutes pour ce qu'elles valent. Mais la douce folie d'amour proteste et dit : Si nous avons mal choisi, choisissons encore ; puis la sagesse ajoute : vivons de nos rêves, n'en mourons pas.

XIV

Il en est de même des religions. Sur toutes, pas une n'est raisonnable, disait Voltaire. Je le crois bien. Est-ce que les femmes sont raisonnables ? La religion est la femme de notre esprit. On ne peut pas être à la fois de toutes les religions, et notre âme a besoin d'en pratiquer une.

XV

Alors, si l'on veut un culte efficace, il faut être magicien ou catholique, ce qui est au fond la même chose, car, la religion catholique, c'est la magie régularisée et vulgarisée.

XVI

Quelle est la force qui nous fait désirer une femme ? La passion. Eh bien, la religion catholique seule est une religion passionnée. Elle est insensée et par cela même invincible pour la raison, jalouse, exclusive, et pour cela même entraînante. Elle seule fait des miracles et nous fait toucher Dieu !

XVII

Mais la religion et la femme préférée sont comme le sphynx ; il faut deviner leur énigme ou périr ; il faut les posséder et n'en pas être les esclaves ; il faut en comprendre et non en subir les mystères. Il faut s'en rendre maître, enfin, comme Ulysse s'est rendu maître de Circé.

Qui habet aures audiendi audiat.

XVIII

Pour le sage, les prêtres sont les ministres, c'est-à-dire les serviteurs de la religion ; ils n'en sont ni les arbitres, ni les maîtres.

XIX

Notre conscience peut avoir besoin d'être éclairée, mais elle ne doit être dirigée que par la raison unie à la foi.

XX

Il faut prendre conseil d'un homme éclairé et désintéressé, d'un homme libre et prudent, ce qui, vu l'organisation actuelle du clergé ne se trouve guère parmi les prêtres. Quoi de plus insensé lorsqu'on voit mal, que de prendre pour guide un aveugle, uniquement parce qu'il est tonsuré et qu'il porte un surplis blanc sur une robe noire !

XXI

La religion sanctionne le devoir. Mais elle n'est pas plus un devoir que l'amour. Elle est un secours offert à notre faiblesse. Elle est un besoin de l'âme. Elle est un entraînement du cœur ou elle n'est rien.

XXII

Elle peut aller au delà de la raison, mais jamais contre la raison ; plus loin que la science, mais jamais malgré la science. Autrement elle se détruit elle-même en se prouvant évidemmnt fausse. Alors, elle n'est plus une auxiliaire de la force, elle devient une maladie de l'esprit et une faiblesse de l'âme.

XXIII

Pour que les contraires s'affirment, soit simultanément, soit séparément et alternativement, il faut de toute nécessité qu'ils ne soient pas contradictoires.

XXIV

Quand l'enthousiasme nous emporte plus loin que la raison, il semble nier la raison, mais quand la raison vient à son tour corriger les erreurs de la foi, elle semble repousser la foi. L'une et l'autre cependant nous portent tour à tour dans le progrès, comme dans la marche on s'appuie alternativement sur les deux jambes.

XXV

L'homme qui marche ne s'appuie jamais que sur un pied à la fois. Celui qui pose en même temps ses deux pieds à terre ne marche pas. Mais l'erreur de beaucoup d'hommes, c'est de vouloir se servir exclusivement de la raison ou de la foi et de ressembler ainsi à un enfant qui ne voudrait marcher qu'à cloche-pied.

XXVI

Lorqu'on aime, on ne raisonne pas. Lorsqu'on raisonne, il semble qu'on n'aime pas. Lorsqu'on raisonne après avoir aimé, on comprend pourquoi l'on aimait. Lorsqu'on aime après avoir raisonné, on aime mieux. Voilà la marche du progrès des âmes.

XXVII

Lorsqu'on a un pied sur lequel on ne peut s'appuyer sans tomber, il faut le couper, dit Jésus-Christ. Le remède est violent, et Jésus-Christ disait cela sans doute, parce que de son temps, on n'avait pas encore inventé l'orthopédie. Mais on n'a que trop suivi son conseil et c'est pour cela que l'Eglise boîte du côté de la raison et que la philosophie boite du côté de la foi.

XXVIII

Lier ensemble les deux jambes, ce serait n'en faire qu'une et cela rendrait la marche impossible. Pour que les deux jambes se prêtent un mutuel secours, il faut qu'elles soient dégagées et absolument libres l'une de l'autre. Il en est de même de la raison et de la foi. Imposer des croyances à la raison et demander à la foi des démonstrations scientifiques, c'est les paralyser l'une par l'autre. Lorsqu'on a une jambe qui gêne l'autre, on est bancal et le grand problème de nos jours, c'est de trouver l'orthopédie des âmes. Pour ceux qui ont compris nos livres, j'ai peut-être le droit de dire : *Eureka!* Etablir que la solution d'un problème est nécessaire, c'est prouver qu'elle est possible et prouver qu'elle est possible, c'est la donner.

XXIX

Concilier la foi avec la raison, c'est croire que le dogme universel sous ses formes diverses est l'expression progressive des aspirations humaines vers la divinité; aspirations qui ne sont ni fictives dans leurs sources, ni arbitraires dans leurs formes, aspirations qui viennent de Dieu comme toutes les formes de la nature, qu'ainsi le dogme est révélé et se révèle toujours, mais que les symboles ne sont pas des définitions scientifiques, les allégories des histoires, les sacrements des opérations physiques et que les absurdités évidentes de la forme, devant les appréciations rationnelles, prouvent qu'il faut chercher ailleurs et plus haut les réalités cachées sous ce mystérieux enseignement.

XXX

La conséquence de cette croyance raisonnable, c'est la catholicité vraiment universelle, car il n'y a qu'une révélation comme il n'y a qu'un Dieu. Les cultes seuls diffèrent comme les symboles et comme les hommes, mais la grâce de Dieu habite aussi bien pour le juste dans la synagogue que dans la mosquée, dans le temple que dans l'église, et l'unité dans la religion, même extérieure, sera tôt ou tard une conséquence de l'unité dans la civilisation. Or, personne ne conteste la beauté, la simplicité, la majesté et l'influence profonde sur les âmes du culte catholique jadis romain : c'est donc celui-là qui prévaudra parce qu'il offre à la force du monde de plus puissants auxiliaires.

Mais comme le disait son fondateur, il faut qu'il meure sous sa forme humaine, c'est-à-dire temporelle pour ressusciter dans sa puissance spirituelle et divine.

I lictor, expedi crucem !

CHAPITRE XII

LA PAIX PROFONDE

I
Toutes les souffrances de nos âmes viennent de l'égarement de nos désirs et de notre obstination à réaliser des mensonges.

II
Toutes les souffrances de nos cœurs viennent de ce que nous aimons pour recevoir et non pour donner, pour posséder et non pour améliorer, pour absorber et non pour immortaliser.

IV
Pour être heureux, il ne faut rien convoiter, rien désirer avec entêtement, mais il faut acquiescer à la loi, vouloir le bien et espérer la justice.

IV
Il ne faut s'identifier à rien de ce qui se corrompt, s'attacher à rien de ce qui passe, laisser absorber sa vie par rien de ce qui meurt.

V
Il faut aimer la beauté, la bonté et l'amour qui sont éternels.

VI
Il faut aimer l'amitié dans notre ami, la jeunesse et la grâce dans notre amie. Il faut admirer dans les fleurs le printemps qui les renouvelle et ne pas s'étonner de voir des fleurs qui se flétrissent et des mortels qui changent.

VII
Il faut boire le vin quand il est bon et le jeter quand il est gâté.

VIII
Il ne faut pas pleurer le bel agneau qu'on a mangé.

IX
Il faut donner de bon cœur à celui qui la trouvera, la pièce d'or qu'on a perdue.

X
Si nous voyons mourir l'arbre que nous avons planté, chauffons-nous avec le bois mort et plantons encore un autre arbre.

XI
Ne murmurons jamais quand nous avons ce que nous avons choisi.

XII
Quand notre sort n'est pas de notre choix, tirons-en le meilleur parti possible et attendons en travaillant.

XIII
Cherchons le vrai avec simplicité sans nous passionner pour une idée ou pour une croyance.

XIV
Ne disputons jamais contre personne. La dispute en surexcitant l'amour-propre produit l'entêtement ennemi de la vérité et de la paix.

XV
Ne nous indignons jamais, rien ne mérite notre indignation et rien ne nous donne le droit de nous indigner. Les crimes sont des catastrophes et les méchants des malades qu'il faut éviter sans les haïr.

XVI
Ne haïssons personne et n'ayons jamais de ressentiment. Ceux qui nous font du mal ne savent ce qu'ils font, ou ils cèdent à des entraînements qui les rendent plus malheureux que nous.

XVII
Aimons toujours. L'amour étant immortel, son objet ne saurait mourir, mais les amours de la terre ne continuent que sur la terre. L'être aimé qui meurt à la vie individuelle, vit encore et plus que jamais à la vie collective et c'est lui encore que nous aimons dans l'objet d'un nouvel amour.

XVIII
Pauvre mari qui pleure et qui crois que ta femme est morte, elle va revenir, attends-la, elle est allée changer de robe.

XIX
Nous, ce sont les autres, et les autres c'est encore nous.

XX
Il est très peu d'hommes et de femmes qu'on regrette encore après vingt ans et qu'on voulût alors ressusciter pour les reprendre.

XXI
De même que très rarement, lorsqu'on a eu dans sa jeunesse une passion malheureuse, on regrette vingt ans de n'avoir pas épousé la personne qu'on désirait alors avec tant d'ardeur.

XXII
Les éternités de l'amour sexuel sont des éternités de sept à dix ans.

XXIII
Dans l'autre vie tout cela sera oublié et l'on se retrouvera dans la fraîcheur d'une vie nouvelle et dans la chaste ignorance du berceau.

XXIV
L'imminence éternelle, c'est l'oubli, puisque le sou-

venir serait presque toujours, ou le chagrin, ou le remords.

XXV
Celui-là n'aurait jamais de peines morales qui aurait la puissance d'oublier.

XXVI
Le seul qu'on ne puisse et qu'on ne doive jamais oublier, c'est Dieu, puisqu'il est nécessairement et absolument présent à toutes nos existences successives.

XXVII
Et dans tout ce que nous aimons, nous cherchons uniquement un charme qui vient en lui, qui reste en lui et que nous retrouvons toujours.

XXVIII
Il y a sur les êtres qui nous sont sympathiques, un certain signe que nous reconnaissons comme une signature de famille, et dans toutes ses transformations nous retrouvons toujours les nôtres.

XXIX
Mais ce signe peut s'affirmer sur tel ou telle et après une révolution d'existence, nous ne nous souvenons pas plus de celui-là ou de celle-là que s'ils n'avaient jamais existé pour nous.

XXX
Ne regrettons donc jamais personne. Nous retrouverons toujours ceux que nous devons toujours aimer.

XXXI
Jamais de vrais amis ne sont réellement séparés. Dieu remplit toutes les distances et ne laisse pas de vide entre les cœurs.

XXXII
Subissons vaillamment le châtiment de nos fautes et n'en rougissons plus quand nous les aurons réparées.

XXXIII
Un proverbe vulgaire dit que l'enfer est pavé de bonnes intentions. Cela n'est pas vrai. Le ciel est étoilé de bonnes intentions qui ont produit sur la terre des actions maladroites et l'enfer est pavé de mauvaises intentions qui voulaient remplir le ciel de fausses vertus.

XXXIV
Dans l'Evangile, le retour au bien est préféré à l'innocence et cela est juste, car la vie est un combat et l'innocence n'est pas une victoire.

XXXV
Dieu donne à chacun dans cette vie un animal à dompter. Les plus favorisés sont ceux qui luttent contre un lion : quelle gloire auront ceux qui n'auront eu à dompter qu'un agneau ?

XXXVI
Ne soyez étranger à rien de ce qui est humain et alternez prudemment l'emploi de vos forces. Si l'étude vous absorbe trop, cherchez des distractions. Tempérez la sagesse par quelque folie volontaire. Si les choses de l'intelligence vous dégoûtent de la vie matérielle, imposez-vous pour pénitence des parties de plaisir et des entretiens réjouis. Mettez comme le bon La Fontaine dans les plateaux d'une même balance saint Augustin et Rabelais. Vous pourrez alors admirer Baruch sans danger pour votre raison.

XXXVII
Salomon a dit que la crainte de Dieu est le commencement de la sagesse. Jésus a invoqué l'amour de Dieu qui, suivant saint Paul, peut tenir lieu de sagesse et la haute initiation enseigne l'identification de l'homme avec Dieu, qui est la consommation éternelle de la sagesse et de l'amour.

XXXVIII

Paix profonde, mon frère, dit un Père, Crois : Quand il en salue un autre et l'autre répond : Emmanuel! ce qui veut dire : Dieu est avec nous!

XXXVX

Dieu est avec les justes et dans les justes, dans les sages et avec les sages. La religion est l'échelle d'or que Jacob a vue en songe et qui fait communiquer le ciel avec la terre; mais les bonzes, les marabouts, les brahmanes, les fakirs, les rabbins, les ulémas et les moines veulent en faire la tour de Babel qui met la confusion dans les idées, rend les paroles inintelligibles et divise les nations.

C'est le sacerdoce qui est le ver rongeur de l'arbre des croyances universelles. Aussi le Christ s'était-il donné pour mission de détruire le sacerdoce et de le remplacer par le presbytérat, c'est-à-dire par la liberté organisée sous la présidence des anciens.

Le sacerdoce caste, le sacerdoce profession lucrative, le sacerdoce autocrate des consciences, le sacerdoce usurpateur des choses temporelles, voilà ce que le christianisme devait détruire : et voilà ce que les hommes ont effrontément rétabli en son nom. C'est pour cela que le socialisme a remplacé le christianisme. C'est un nom nouveau représentant la même idée. Or, le socialisme accompli sera le Messianisme, mais ce nom inintelligible pour le vulgaire est sacré pour les élus, c'est-à-dire pour les initiés.

L'exclusivisme religieux, c'est la concurrence des boutiques sacerdotales. Chacun dit : Prenez mon onguent; celui de mes concurrents est un poison.

Marchands d'eau de Cologne, c'est moi qui suis le vrai Jean-Marie Farina.

Jésus a vainement essayé de chasser les boutiquiers du

temple; il n'y a pas réussi. Il les a un jour très illégalement et très imprudemment dérangés, mais justice a été faite : on a crucifié le perturbateur et l'ordre a été rétabli.

Tant que la religion sera l'occasion d'un commerce quelconque, il n'y aura pas de religion sérieuse.

La liberté commerciale est un principe, et cette liberté a jusqu'à présent autorisé l'exploitation de la crédulité des imbéciles.

Tous ceux qui se font payer pour quelque chose vendent quelque chose, tous ceux qui vendent quelque chose sont des marchands.

Le sacerdoce est un commerce, le presbytérat serait une fonction respectable, parce qu'elle ne saurait être rétribuée.

Quand saint Paul a dit : Il faut que le prêtre vive de l'autel, il a confondu le presbytérat avec le sacerdoce.

Le sacerdoce ancien tuait pour manger; le presbytérat de Jésus-Christ se fait tuer pour que les autres mangent.

Tout prêtre qui vit de l'autel mange la chair des pauvres et boit le sang du peuple.

Or, Jésus a donné aux pauvres et au peuple sa propre chair à manger et son sang à boire.

C'est pour cela que le règne temporel de Rome est fini et que son règne spirituel a dû finir par l'usurpation de la divinité et le ridicule plus insupportable que la mort.

XL

Cependant les magnificences du culte catholique ne doivent pas plus finir que la mythologie antique et les splendeurs du Panthéon de Phydias. Marie est immortelle autant que la Vénus Uranie dont l'image trouvée à Milo indique une lyre qui lui manque avec ses deux bras. Retrouvons la lyre de la Vénus éternelle et nous rendrons à l'Eglise catholique la science de son dogme et les harmonies de son culte.

J'ai pu juger l'architecture du temple et en admirer l'ensemble parce que je suis sorti du temple. Je suis libre et je vais où je veux aller, mais parce que l'éternel m'a conservé l'usage de ma raison, je ne puis aller ni vers la laideur ni vers le mensonge. J'aime tout ce qui est, car à mes yeux le mal n'est pas. Je dis la vérité sans chercher les applaudissements et sans redouter les injures. J'ai vécu pauvre et je mourrai pauvre selon le monde et pourtant je sens que je suis riche de vérités, d'indépendance et de raison. J'ai formulé des choses que Moyse et le Christ auraient laissé deviner et je n'en suis pas moins pour cela un homme faible et timide comme un enfant. La vérité ne m'appartient pas ; je la donne comme je l'ai reçue ; elle a passé dans mon esprit, presque sans y laisser de traces et j'aurais préféré souvent, si j'avais pu le faire, un mensonge qui m'eût donné des admirateurs et qui m'eût épargné les luttes les plus terribles de la vie. Mais il faut que chacun accomplisse sa destinée. Pitié pour celui qui s'enorgueillit de quelque chose. Tout ce qui reste à l'homme de ce qu'il a aimé c'est la droiture de ses intentions et l'espérance d'une destinée meilleure dans un avenir que nul ne peut prévoir et auquel personne ne peut se soustraire ou échapper.

ÉLIPHAS LÉVI.

Ce 20 décembre 1870.

Table des Matières

PRÉFACE.................................... 7

DISCUSSION EN FORME DE DIALOGUE

Premier Dialogue.	— *Un clérical*	— *Éliphas Lévi*...		9
Deuxième	»	*Un philosophe*	» ...	14
Troisième	»	*Un Panthéiste*	» ...	21
Quatrième	»	*Un Israélite*	» ...	31
Cinquième	»	*Un Protestant*	» ...	35
Sixième	»	*Un Médecin*	» ...	40
Septième	»	*Un Savant*	» ...	47
Huitième	»	*Un Prêtre*	» ...	51
Neuvième	»	*Un Spirite*	» ...	55
Dixième	»	*Un Initié*	» ...	61

RÉSUMÉ GÉNÉRAL

CHAP. I. — La Religion...................... 67
CHAP. II. — La Morale....................... 72
CHAP. III. — La Nature...................... 75
CHAP. IV. — Le Magnétisme................... 81
CHAP. V. — La Mort......................... 88
CHAP. VI. — Satan.......................... 93
CHAP. VII. — L'Occultisme 96
CHAP. VIII. — La Foi........................ 102
CHAP. IX. — La Science 109
CHAP. X. — L'Action 119
CHAP. XI. — La Force et ses Auxiliaires 124
CHAP. XII. — La Paix Profonde................ 135

www.ingramcontent.com/pod-product-compliance
Lightning Source LLC
Chambersburg PA
CBHW060138100426
42744CB00007B/823